KRAFT

PHILADELPHIA

DOPPELRAHMSTUFE

Das Tortenbuch

Himmmhhhlisch
sahnig
unwiderstehlich

Einfache Rezepte für einzigartige Torten

Inhalt

PHILADELPHIA

Bestes aus Milch

Himmlisch sahnig und köstlich frisch im Geschmack – das ist PHILADELPHIA, die Frischkäsemarke von KRAFT. Seit er vor rund vierzig Jahren in Deutschland eingeführt wurde, hat er wie kaum ein anderes Milchprodukt die Kühltheken der Supermärkte ebenso wie die häuslichen Kühlschränke erobert.

PHILADELPHIA stammt von einer besonderen Art von Frischkäse ab, die ursprünglich im Nordosten der USA zu Hause war. Der erste PHILADELPHIA wurde in der zweiten Hälfte des 19. Jahrhunderts in Chester im US-Bundesstaat New York hergestellt. Das Produkt überzeugte. Die traditionellen Sortenbezeichnungen wie »Quark« oder »Schichtkäse« passten jedoch nicht. Man hatte einen neuen Frischkäse erfunden und benannte ihn nach der Stadt, die in der Pionierzeit wie keine andere für Unternehmergeist und Fortschritt stand: Die Marke PHILADELPHIA war geboren. Bereits vor 120 Jahren war dieser Name als Marke für einen besonderen Frischkäse in ganz Amerika bekannt. Auch in Deutschland ist PHILADELPHIA heute der beliebteste Frischkäse. Unter den vielen Varianten von „Natur" über „Tomate-Zwiebel" bis zu „Lachs" findet jeder seinen eigenen Lieblings-PHILADELPHIA.

Eines ist sicher – immer himmlisch sahnig und köstlich frisch im Geschmack, immer unwiderstehlich.

Sahniger Genuss

Von der Milch zum Philadelphia

Frischkäse wie PHILADELPHIA gehört zu den wertvollsten Nahrungsmitteln, die Sie kaufen können. Unverfälscht und frei von chemischen Zusätzen, enthält er wertvolle Inhaltsstoffe der Milch. Frischkäse benötigt im Gegensatz zu den übrigen Käsesorten keine Reifung. Er ist sofort nach der Herstellung verzehrfertig, hat aber nur eine begrenzte Haltbarkeit. Und da PHILADELPHIA dank seiner Beliebtheit ebenso schnell aus den Kühlregalen der Geschäfte verschwindet, wie er hineinkommt, steht er stets so auf dem Tisch, wie Sie ihn sich wünschen: sahnig-mild und köstlich frisch im Geschmack.

PHILADELPHIA weist einen höheren Fettgehalt auf als andere Frischkäse wie z. B. Quark. Das macht ihn fester in der Konsistenz und gleichzeitig so unübertroffen sahnig.
PHILADELPHIA gibt es in der Fett- und Vollfettstufe, als Frischkäse der Rahmstufe und als Frischkäse der Doppelrahmstufe, die üppigste, aber auch sahnigste Sorte mit mindestens 60 Prozent Fett in der Trockenmasse.

Keine Angst vor den Prozenten

60 Prozent Fett – das klingt zunächst nach viel, ist in Wahrheit aber halb so schlimm. Denn die Fettangaben beim Käse beziehen sich stets auf die Trockenmasse. Selbst der härteste Hartkäse besteht aber etwa zur Hälfte aus Wasser, und beim Frischkäse ist der Wasseranteil noch viel höher. So liegt er bei einem Frischkäse der Doppelrahmstufe bei 73 Prozent, und das bedeutet, dass selbst der üppigste aller Frischkäse einen realen Fettgehalt unter 30 Prozent aufweist. Also alles im grünen Bereich und kein Grund, der Kalorien wegen auf den sahnigen Genuss Ihres PHILADELPHIA zu verzichten.

Ein echtes Naturprodukt

Grundsätzlich werden alle Frischkäse auf die gleiche Art und Weise hergestellt. Für PHILADELPHIA wird stets beste Kuhmilch von ausgewählten Lieferanten verwendet, deren Qualität einer ständigen Kontrolle unterliegt. Die Milch wird durch Zugabe reiner Sahne auf den gewünschten Fettgehalt »eingestellt«, angewärmt und »homogeni-

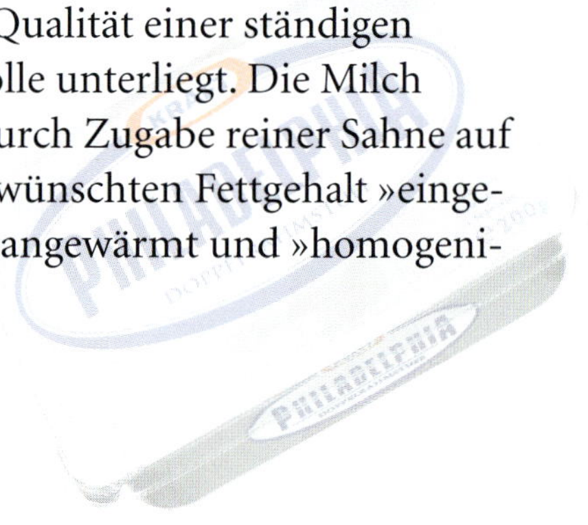

siert«, indem man sie unter hohem Druck durch enge Düsen leitet. Dadurch werden die winzigen Fetttröpfchen gleichmäßig in der Molke verteilt. Anschließend wird die Milch auf eine Temperatur erhitzt, bei der unerwünschte Keime zuverlässig abgetötet werden, sie wird »pasteurisiert«.
Der nächste Schritt ist das so genannte »Dicklegen« der Milch. Dazu wird die Milch mit Hilfe von Milchsäurebakterien zum Gerinnen gebracht, und im Unterschied zu anderen Frischkäsesorten, wie z. B. Speisequark und körniger Frischkäse, wird dazu dem PHILADELPHIA kein Lab zugesetzt. Lab ist ein Ferment, das aus Kälbermägen gewonnen und bei der Herstellung vieler Käsesorten verwendet wird.
Die dickgelegte Milch wird nochmals erhitzt. In einem Konzentrator trennt sich die übrig bleibende Flüssigkeit, genannt Molke, von der Käsemasse und fließt ab.
Wenn der PHILADELPHIA den Konzentrator verlässt, ist er schon fast fertig. Der PHILADELPHIA wird noch einmal homogenisiert, damit er seine typische cremige Konsistenz erhält, und dabei leicht gesalzen. Bei PHILADELPHIA-Zubereitungen, wie den würzigen Varianten PHILADELPHIA mit Kräutern oder PHILADELPHIA Créamo und Fantasia, werden in diesem Stadium die jeweiligen würzigen Zutaten eingerührt.
Nun kann der PHILADELPHIA in die Verpackungen abgefüllt werden. Dieser Vorgang geschieht natürlich vollautomatisch, da dabei äußerste Hygiene erforderlich ist. Sobald der PHILADELPHIA auf 5 °C gekühlt ist, kommt er auf dem schnellsten Weg in den Lebensmittelhandel – und auf Ihren Tisch.

Genuss pur

Ob Sie PHILADELPHIA als Butterersatz aufs Brot streichen oder als Grundlage für einen Dip verwenden – die Möglichkeiten sind vielfältig. Denn PHILADELPHIA harmoniert mit nahezu allen Geschmacksrichtungen. Genießen Sie ihn heute als herzhaften Brotaufstrich zum Abendessen, morgen als süßes Dessert. Binden Sie feine Saucen damit und überbacken Sie einen Auflauf mit einer milden PHILADELPHIA-Haube. Oder versuchen Sie die köstlichen Torten, für die Sie hier die richtigen Rezepte finden.
Mehr Tipps und Informationen zu PHILADELPHIA erhalten Sie telefonisch unter (01802) 258588 und im Internet unter www.philadelphia.de.

Das Auge isst mit

Dekorationen für jeden Anlass

PHILADELPHIA-Torten sind wahre Wunder an Vielseitigkeit. Da sie mit zahlreichen höchst unterschiedlichen Zutaten und Garnituren kombiniert werden können, passen sie zu jedem Anlass. Eine PHILADELPHIA-Torte können Sie zu Weihnachten mit dem gleichen Erfolg servieren wie zu Ostern, sie passt zum Kindergeburtstag ebenso gut wie zur goldenen Hochzeit.
Ein bisschen Fantasie beim Dekorieren gehört allerdings dazu. Deshalb wollen wir Ihnen in diesem Kapitel einige Anregungen geben, wie Sie Ihre PHILADELPHIA-Torte dem jeweiligen Anlass entsprechend gestalten können.

Kinder mögen's bunt

Was wäre ein Kindergeburtstag ohne eine große Geburtstagstorte? Erfahrene Mütter wissen es: Weich muss sie sein, schön cremig und süß und so bunt wie möglich. Kinder lieben nun einmal bunte Dekorationen. Ob Schokodragees, Gummibärchen oder Ostereier – erlaubt ist, was gefällt. Was liegt also näher, als den Kuchen mit einigen der geliebten Leckereien zu verzieren? Legen Sie doch einmal die Jahreszahl des Geburtstags aus einer doppelten Reihe Schokodragees, am besten in eine kreis- oder herzförmige Kartusche. Das Geburtstagskind wird begeistert sein!

Sie müssen nur darauf achten, dass die bunte Farbe keine Gelegenheit bekommt, sich vor dem Servieren aufzulösen und abzufärben. Daher legen Sie diese Dekorationen am besten direkt vor dem Servieren auf die Torte. Das sieht toll aus und die Torte wird bestimmt gleich aufgegessen.
Wackelpeter und Fruchtgummi werden von allen Kindern heiß geliebt. Daher werden Sie sich die ungeteilte Bewunderung aller kleinen Gäste zuziehen, wenn Sie die Geburtstagstorte mit dem begehrten Gelee überziehen.
Das ist viel einfacher, als Sie denken. Bereiten Sie einfach ein Rezept Götterspeise nach Herstelleranweisung zu, nehmen Sie dabei aber nur die Hälfte der angegebenen Flüssigkeitsmenge. Sie erhalten damit ein besonders festes und geschmacksintensives Gelee. Lassen Sie den Wackelpudding ein wenig abkühlen und gießen Sie ihn auf die fertige PHILADELPHIA-Torte. Stellen Sie die Torte nun 3 Stunden kalt, bis die PHILADELPHIA-Creme und das Gelee fest geworden sind. Fertig!

Auch toll wirkt die Torte, wenn man sie mit Würfeln oder Ornamenten aus Gelee verziert. Das macht zwar etwas Arbeit, lohnt aber die Mühe.
Sie bereiten dazu wie beschrieben eine Packung Götterspeise mit der halben Flüssigkeitsmenge zu, gießen diese in eine Blechform oder einen tiefen Teller und lassen sie darin fest werden. Dann halten Sie die Form so lange in heißes Wasser, bis Sie die Geleeplatte auf ein Schneidebrett stürzen können. Nun schneiden Sie die Geleeplatte in kleine Würfel und verzieren damit die Torte.
Richtig weihnachtlich wird diese Dekoration, wenn Sie mit Plätzchenausstechern Motive wie Tannenbäume und Sterne ausstechen und damit die Torte verzieren.

Erwachsene mögen es edel

Wenn Sie allerdings liebe Freunde zum Kaffee erwarten, gibt es eine Vielzahl von weiteren Dekorationsideen. Das beginnt bereits mit der Oberfläche der PHILADELPHIA-Creme, in die Sie vor dem Festwerden beliebige Ornamente zeichnen können, so z. B. Spiralen, die Sie mit einer runden Messerspitze in die Oberfläche drücken, oder Wellenlinien, mit den Zinken einer Gabel gezogen.
Besonders elegant und professionell wirken Ornamente, die in einer zum Untergrund kontrastierenden Farbe aufgesiebt werden. Bei einer hellen Oberfläche – und fast alle PHILADELPHIA-Torten haben eine solche – kommt dafür eigentlich nur ein Kakaopulver wie Kaba® infrage, bei dunklen Oberflächen Puderzucker.
Was so schwierig aussieht, ist in der Praxis ganz einfach: Decken Sie einfach die Stellen, die nicht bestreut werden sollen, mit passenden Streifen von Butterbrotpapier ab oder schneiden Sie die gewünschten Ornamente aus einem passenden Stück Papier. Dieses legen Sie auf die Torte, bestreuen die Tortenoberfläche mit Kaba® und heben das Papier vorsichtig ab. Probieren Sie dieses Verfahren aber nicht bei klebrigen Oberflächen, z. B. Konfitüre.

Geliebte Schokolade

Ob bei Erwachsenen oder Kindern – Verzierungen aus Schokolade kommen immer gut an. Natürlich können Sie es sich leicht machen und einfach einen Kreis aus Pralinen im gleichen Abstand zum Rand der Form legen. Es gibt auch eine gute Auswahl an Schokoladenfiguren und -ornamenten, die sehr dekorativ sind, und zum Bestreuen Schokoladenspäne in verschiedenen Ausführungen. Manches davon kann man aber auch sehr gut selbst machen. Sehr dekorative Schokoladenröllchen erhalten Sie, wenn Sie diese mit einem Gemüseschäler von der Kante einer Schokoladentafel, z. B. Milka®, abschaben. Das geht am besten, wenn die Schokolade annähernd Zimmertemperatur hat. Um lange Schokoladenspäne herzustellen, streichen Sie geschmolzene Schokolade dünn auf eine Marmorplatte auf (❶). Warten Sie, bis die Schokolade fest, aber noch nicht hart ist. Schieben Sie nun einen Metallspachtel im Winkel von etwa 25° über die Schokolade. Sie heben dadurch dünne Plättchen ab, die sich der Klinge entgegenrollen (❷). Oder streichen Sie die flüssige Schokolade auf Backpapier aus (❸) und stechen nach dem Festwerden die Formen aus (❹). Und noch ein Tipp für Backprofis: Bestreichen Sie saubere und trockene Blätter ungiftiger Pflanzen, etwa Rosen, Minze oder Melisse, auf den Rückseiten mit geschmolzener Schokolade. Nach dem Aushärten ziehen Sie die Blätter einfach ab und erhalten so dekorative Schokoladenblätter.

Früchteparadies

Fast alle Kuchen und Torten, die Sie mit PHILADELPHIA-Creme herstellen, haben etwas mit Früchten zu tun. Bei den schnellen Rezepten kommen diese Früchte oft aus dem Glas oder aus der Dose. Bitte beachten Sie, dass bei vielen Rezepten die Flüssigkeit mitverwendet wird. Gießen Sie die Früchte aus dem Glas oder aus der Dose also nicht einfach über dem Spülbecken ab, sondern stellen Sie ein Gefäß zum Auffangen des Saftes darunter. Wenn es aber richtig fein werden soll, ist Frischware angesagt.

Die meisten Früchte werden in geschältem Zustand verwendet, aber es gibt Sorten, z. B. Pfirsiche, die sich partout nicht schälen lassen wollen. In diesem Fall hilft Brühen weiter. Sie schneiden die Früchte kreuzweise ein (❶) und legen sie für einige Minuten in kochendes Wasser. Nun lässt sich die Haut leicht abziehen (❷). Schneiden Sie die Früchte nun mit einem Rundumschnitt bis auf den Kern ein (❸) und verdrehen Sie die Hälften gegeneinander, bis sie sich vom Kern lösen. Die Pfirsichhälften können Sie nun ganz verwenden oder in Spalten schneiden.

Auch der Umgang mit Zitrusfrüchten will gelernt sein. Verwenden Sie zum Filetieren von Zitrusfrüchten ein nicht zu kleines, wirklich scharfes Messer mit schmaler Klinge. Schneiden Sie zunächst die beiden Enden der Frucht ab. Setzen Sie die Frucht auf ein Schneidebrett und schneiden Sie die Schalen so dick ab, dass auch die weißen Häute der Spalten mit abgeschnitten werden. Schneiden Sie nun dicht an den zwischen den Filets liegenden Trennhäuten entlang ein und lösen Sie die Filets aus.

Zu den gut zu verarbeitenden Früchten gehören Äpfel und Birnen. Sie haben nur den Nachteil, dass sich ihr Fleisch an der Luft braun verfärbt. Dies lässt sich vermeiden, wenn man das Fruchtfleisch mit etwas Zitronensaft beträufelt.

Zu den Rezepten

Tipps und Tricks

- Die PHILADELPHIA-Torte ist denkbar einfach zuzubereiten. Backen entfällt, da der Boden aus zerbröselten Löffelbiskuits und Butter hergestellt wird.

- Nach Belieben können Sie den Boden auch mit Margarine zubereiten.

- Alle PHILADELPHIA-Torten werden nach dem gleichen Grundrezept hergestellt. Wenn man eine zubereitet hat, kann auch bei den anderen Sorten nichts mehr schief gehen.

- Das Grundrezept der klassischen PHILADELPHIA-Torte lässt sich nahezu beliebig variieren. Lassen Sie einfach Ihrer Fantasie freien Lauf!

- Die Zutatenmengen in sämtlichen Tortenrezepten sind für eine Springform von 26 cm Durchmesser berechnet.

- Wenn Sie jedoch eine kleinere PHILADELPHIA-Torte zubereiten wollen, halbieren Sie die jeweiligen Zutatenmengen und verwenden eine Springform von 20 cm Durchmesser.

- PHILADELPHIA-Torten werden nicht mit Gelatine zubereitet, sondern mit Tortenguss. Sie müssen zum Festwerden unbedingt für 3 Stunden in den Kühlschrank gestellt werden. Die Creme wird auf diese Weise schnittfest, bleibt aber durch den sahnigen PHILADELPHIA cremiger als bei Torten, die mit Gelatine zubereitet werden.

- Entgegen der Herstelleranweisung dürfen Sie für den Tortenguss nur 150 ml Flüssigkeit anstelle der üblicherweise angegebenen 250 ml verwenden. Nehmen Sie die vom Hersteller empfohlene Menge, wird die Creme nicht schnittfest.

- Alle hier beschriebenen Rezepte werden mit PHILADELPHIA-Doppelrahm zubereitet. Wenn Sie PHILADELPHIA Fitness verwenden wollen, müssen Sie die Creme statt mit Tortenguss mit 6 Blatt Gelatine zubereiten.

- Verwenden Sie stets die im Rezept angegebene Menge an Zitronensaft und ersetzen Sie diesen keinesfalls durch Zitronenaroma. Denn um glatt zu werden, braucht die Creme einen bestimmten Säuregehalt.

- Wenn Sie die Torte nicht gleich servieren wollen, bestreuen Sie den Boden vor Einfüllen der PHILADELPHIA-Creme mit Sahnesteif. Auf diese Weise weicht er nicht so schnell durch und bleibt länger knusprig.

- Sie können die Löffelbisquits für den Tortenboden anstatt mit dem Nudelholz auch mit einer Küchenmaschine zerkleinern. Damit es sich lohnt, das Gerät einzusetzen, können Sie gleich zwei Portionen zerkleinern und eine Portion als Vorrat für die nächsten Torte aufbewahren.

- Wie beim Gemüse, so ist auch beim Obst Tiefkühlware eine gute Alternative, sofern keine frischen Früchte vorhanden sind. Besonders Beerenobst lässt sich gut einfrieren und ist verbreitet im Handel. Schockgefrorene Tiefkühlfrüchte werden nicht matschig, wenn man sie sehr langsam im Kühlschrank auftauen lässt.

- Für die Zubereitung einer PHILADELPHIA-Torte können Sie jede beliebige Springform verwenden. Die Form kann, muss aber nicht beschichtet sein.

- Legen Sie den Boden der Springform mit Backpapier aus. Es verhindert, dass der Boden an der Form festklebt. Normale PHILADELPHIA-Torten werden nicht so hoch, dass Sie einen Tortenring benötigen.

- Verwenden Sie unbedingt Backpapier und keinesfalls Pergamentpapier. Denn Letzteres durchfeuchtet und reißt beim Ablösen des Bodens.

- Streichen Sie die Creme nach dem Einfüllen mit einem Kunststoffspatel glatt. Drücken Sie eventuelle Ornamente und Verzierungen nach dem Glätten in die noch weiche Creme.

Abkürzungsverzeichnis

g	=	Gramm
ml	=	Milliliter
Pck.	=	Päckchen
TK	=	Tiefkühl
EL	=	Esslöffel
TL	=	Teelöffel

DIE WEISSE

Classic

KRAFT
PHILADELPHIA
DOPPELRAHMSTUFE
PHILADELPHIA
DOPPELRAHMSTUFE

PHILADELPHIA-TORTE

CLASSIC

Zubereitungszeit: ca. 30 Minuten
Kühlzeit: mindestens 3 Stunden
(für alle PHILADELPHIA-Torten)

1 Die Löffelbiskuits in einen großen Gefrierbeutel füllen, den Beutel verschließen und den Inhalt mit einem Nudelholz oder den Händen vollständig zerbröseln.

2 Die Butter schmelzen, mit den Bröseln vermischen und in eine mit Backpapier ausgelegte Springform drücken.

3 PHILADELPHIA, Joghurt und Zitronensaft mit einem elektrischen Rührgerät vermischen.

4 Tortenguss, Zucker und 150 ml Wasser in einem kleinen Topf aufkochen und unter die PHILADELPHIA-Creme rühren.

5 Die PHILADELPHIA-Creme in die Springform füllen und mit einem Gummispatel glatt streichen. Die Torte mindestens 3 Stunden in den Kühlschrank stellen und vor dem Servieren nach Belieben mit ein paar frischen Früchten garnieren.

- 150 g Löffelbiskuit
- 125 g Butter
- 600 g PHILADELPHIA Doppelrahm
- 300 g Joghurt
- 3 EL Zitronensaft
- 1 Pck. Tortenguss, klar
- 75 g Zucker
- frische Früchte zum Garnieren

So wird's gemacht

Die perfekte Torte

Mit PHILADELPHIA lassen sich die unterschiedlichsten süßen Leckereien herstellen – die folgenden Seiten beweisen es. Zu Weltruhm gebracht hat es aber in erster Line die PHILADELPHIA-Torte. Warum? Weil in diesem Rezept einfache Zubereitung, köstlicher Geschmack, Variationsmöglichkeiten und gutes Aussehen eine Idealverbindung eingehen. Wenn Sie sich an das auf diesen Seiten in Schritt-für-Schritt-Fotos vorgestellte Grundrezept halten, wird die Torte zuverlässig gelingen. Dieses Grundrezept ist die Basis für alle PHILADELPHIA-Torten, die Sie auf den folgenden Seiten finden.

1 Die Löffelbiskuits in einen großen Gefrierbeutel einfüllen. Den Beutel mit einem Clip verschließen und den Inhalt mit dem Nudelholz vollständig zerbröseln.

2 Die Löffelbiskuitbrösel mit zerlassener Butter vermischen und mit einem Kochlöffel gut durcharbeiten. Den Boden einer Springform (26 cm Ø) mit Backpapier auslegen und die Butter-Brösel-Mischung einfüllen.
Mit der Unterseite eines Löffels festdrücken.

3 PHILADELPHIA-Doppelrahm mit Joghurt und Zitronensaft verrühren. Den Tortenguss mit Zucker und 150 ml Flüssigkeit aufkochen und mit dem Rührgerät unter die PHILADELPHIA-Creme mischen. Den Tortenguss nicht nach Herstellerangabe – meist 250 ml Wasser – zubereiten, weil die PHILADELPHIA-Creme sonst nicht genügend fest wird. Bei PHILADELPHIA Fitness keinen Tortenguss, sondern 6 Blatt Gelatine verwenden.

4 Die PHILADELPHIA-Creme auf den Bröselboden in der Springform einfüllen.

5 Die PHILADELPHIA-Creme mit einem Kunststoffspatel glatt streichen und die Torte für 3 Stunden in den Kühlschrank stellen.

FRUCHTIGE

Saisonhits

Philadelphia-Torte

Erdbeere

1 Die Löffelbiskuits in einen großen Gefrierbeutel füllen, den Beutel verschließen und den Inhalt mit einem Nudelholz oder den Händen vollständig zerbröseln.

2 Die Butter schmelzen, mit den Bröseln vermischen und in eine mit Backpapier ausgelegte Springform drücken.

3 Die Milka® Schokolade im Wasserbad schmelzen und die flüssige Schokolade auf dem Tortenboden verteilen.

4 PHILADELPHIA, Joghurt und Zitronensaft mit einem elektrischen Rührgerät vermischen.

5 Tortenguss und Zucker mit 150 ml Wasser aufkochen und unter die PHILADELPHIA-Creme rühren.

6 Die Hälfte der Erdbeeren gleichmäßig auf dem Tortenboden verteilen, anschließend die PHILADELPHIA-Creme einfüllen.

7 Die übrigen Erdbeeren pürieren und die Torte damit bedecken. Die Oberfläche mit einem Löffelstiel marmorieren, anschließend 3 Stunden in den Kühlschrank stellen.

- 150 g Löffelbiskuit
- 125 g Butter
- 1 Tafel Milka® Schokolade
- 600 g PHILADELPHIA Doppelrahm
- 300 g Joghurt
- 3 EL Zitronensaft
- 1 Pck. Tortenguss, klar
- 75 g Zucker
- 300 g Erdbeeren, in Vierteln

Philadelphia-Torte

Erdbeer-Pistazie

- 150 g Löffelbiskuit
- 125 g Butter
- 25 g gehackte Pistazien
- 600 g PHILADELPHIA Doppelrahm
- 300 g Joghurt
- 3 EL Zitronensaft
- 250 g kleine Erdbeeren
- 1 Pck. Tortenguss, klar
- 75 g Zucker

1 Die Löffelbiskuits in einen großen Gefrierbeutel füllen, den Beutel verschließen und den Inhalt mit einem Nudelholz oder den Händen vollständig zerbröseln.

2 Die Butter schmelzen, mit den Bröseln vermischen und in eine mit Backpapier ausgelegte Springform drücken.

3 Drei Viertel der Pistazien auf dem Boden ausstreuen.

4 PHILADELPHIA, Joghurt und Zitronensaft mit einem Rührgerät vermischen.

5 Die Früchte putzen und waschen. 150 g Erdbeeren pürieren. Tortenguss, Zucker und das Erdbeerpüree in einem kleinen Topf aufkochen und unter die PHILADELPHIA-Creme rühren.

6 Einige Früchte zur Dekoration beiseite legen. Die restlichen Erdbeeren klein schneiden und ebenfalls unter die Creme rühren.

7 PHILADELPHIA-Creme in die Springform füllen und 3 Stunden in den Kühlschrank stellen. Die Torte vor dem Servieren mit den restlichen Pistazien und Früchten garnieren.

Philadelphia-Torte

Erdbeer-Orange

- 150 g Löffelbiskuit
- 125 g Butter
- 600 g PHILADELPHIA Doppelrahm
- 300 g Joghurt
- 3 EL Zitronensaft
- 250 g Erdbeeren
- 1 Pck. Tortenguss, klar
- 75 g Zucker
- 150 ml Orangensaft
- 1 Orange

1 Die Löffelbiskuits in einen großen Gefrierbeutel füllen, den Beutel verschließen und den Inhalt mit einem Nudelholz oder den Händen vollständig zerbröseln.

2 Die Butter schmelzen, mit den Bröseln vermischen und in eine mit Backpapier ausgelegte Springform drücken.

3 PHILADELPHIA, Joghurt und Zitronensaft mit einem Rührgerät vermischen. Die Erdbeeren putzen, waschen und vierteln.

4 Tortenguss, Zucker und Orangensaft in einem kleinen Topf aufkochen und unter die PHILADELPHIA-Creme rühren.

5 Ein Viertel der Creme auf dem Tortenboden verteilen, darauf die Erdbeeren legen. Einige für die Dekoration zurückbehalten. Zum Schluss die restliche PHILADELPHIA-Creme in die Springform füllen und glatt streichen. Die Torte 3 Stunden in den Kühlschrank stellen.

6 Inzwischen die Orange schälen und filetieren. Die PHILADELPHIA-Torte vor dem Servieren mit einigen Erdbeeren und den Orangenfilets garnieren.

TIPP

Das Filetieren von Zitrusfrüchten ist ganz einfach, wenn Sie sich an die Beschreibung auf Seite 9 halten.

Erdbeer-Schoko Philadelphia-Torte

- 2 Tafeln Milka® Schokolade
- 100 g Cornflakes
- 600 g PHILADELPHIA Doppelrahm
- 300 g Joghurt
- 3 EL Zitronensaft
- 1 Pck. Tortenguss, klar
- 75 g Zucker
- 250 g Erdbeeren
- 1 Pck. »I love Milka®« Erdbeer-Rahm-Pralinés
- etwas Puderzucker

1 Die Schokolade im Wasserbad schmelzen. Die geschmolzene Schokolade mit den Cornflakes mischen und in eine mit Backpapier ausgelegte Springform drücken.

2 PHILADELPHIA, Joghurt und Zitronensaft mit einem Rührgerät vermischen.

3 Tortenguss, Zucker und 150 ml Wasser in einem kleinen Topf aufkochen und unter die PHILADELPHIA-Creme rühren. Die Erdbeeren putzen und waschen. 200 g der Früchte vierteln, den Rest in Scheiben schneiden.

4 Ein Viertel der Creme auf dem Schokoboden verteilen, darauf die Erdbeerviertel legen. Zum Abschluss die restliche PHILADELPHIA-Creme in die Springform füllen und glatt streichen. Die Torte 3 Stunden in den Kühlschrank stellen.

5 Die Torte vor dem Servieren mit Erdbeerscheiben und »I love Milka®« Pralinés garnieren und mit Puderzucker bestäuben.

TIPP

Der Tortenboden wird feiner, wenn Sie die Cornflakes vor der Verwendung zerkleinern.

Milka

Philadelphia-Torte

Beerenfrüchte

- 150 g Löffelbiskuit
- 125 g Butter
- 600 g PHILADELPHIA Doppelrahm
- 300 g Joghurt
- 3 EL Zitronensaft
- 1 Pck. Tortenguss, klar
- 75 g Zucker
- 250 g Beerenmischung (TK), einige Früchte zur Dekoration

1 Löffelbiskuits in einen großen Gefrierbeutel füllen, den Beutel verschließen und den Inhalt mit einem Nudelholz oder den Händen vollständig zerbröseln.

2 Die Butter schmelzen, mit den Bröseln vermischen und in eine mit Backpapier ausgelegte Springform drücken.

3 PHILADELPHIA, Joghurt und Zitronensaft mit einem Rührgerät vermischen.

4 Einige Beeren zum Garnieren beiseite legen. Die Früchte mit dem Tortenguss und Zucker in 150 ml Wasser aufkochen und unter die PHILADELPHIA-Creme rühren.

5 PHILADELPHIA-Creme in die Springform füllen und 3 Stunden in den Kühlschrank stellen. Vor dem Servieren mit einigen Beeren verzieren.

TIPP

Wenn Sie frische Beeren aus dem Garten haben – umso besser. Mischen Sie alle Beeren, die gerade reif sind.

Philadelphia-Torte

Himbeere

1 Die Götterspeise nach Herstelleranweisung zubereiten. Dabei jedoch statt 500 ml nur 250 ml Wasser verwenden. Die Götterspeise in eine flache Form füllen und kalt stellen.

2 Die Löffelbiskuits in einen großen Gefrierbeutel füllen, den Beutel verschließen und den Inhalt mit einem Nudelholz oder den Händen vollständig zerbröseln.

3 Die Butter schmelzen, mit den Bröseln vermischen und in eine mit Backpapier ausgelegte Springform drücken.

4 PHILADELPHIA, Joghurt und Zitronensaft mit einem Rührgerät vermischen. Den Tortenguss, den Zucker und 150 ml Wasser aufkochen und unter die PHILADELPHIA-Creme rühren.

5 Etwa ein Drittel der PHILADELPHIA-Creme auf dem Tortenboden verteilen, anschließend die Himbeeren darauf geben und mit der restlichen PHILADELPHIA-Creme bedecken. Die Torte 3 Stunden kalt stellen. Die feste Götterspeise aus der Form stürzen, in Würfel schneiden und diese auf der Torte verteilen.

- 1 Pck. Götterspeise, Himbeer
- 150 g Löffelbiskuit
- 125 g Butter
- 600 g PHILADELPHIA Doppelrahm
- 300 g Joghurt
- 3 EL Zitronensaft
- 1 Pck. Tortenguss, klar
- 75 g Zucker
- 200 g Himbeeren

Philadelphia-Torte

Himbeer-Kokos

- 150 g Löffelbiskuit
- 125 g Butter
- 600 g PHILADELPHIA Doppelrahm
- 300 g Joghurt
- 4 EL Kokosraspeln
- 1 Pck. Tortenguss, klar
- 75 g Zucker
- 250 g Himbeeren, frisch oder TK, aufgetaut
- 3 EL Himbeerkonfitüre

1 Die Löffelbiskuits in einen großen Gefrierbeutel füllen, den Beutel verschließen und den Inhalt mit einem Nudelholz oder den Händen vollständig zerbröseln.

2 Die Butter schmelzen, mit den Bröseln vermischen und in eine mit Backpapier ausgelegte Springform drücken.

3 PHILADELPHIA, Joghurt und 3 Esslöffel Kokosraspeln mit einem Rührgerät vermischen.

4 Tortenguss, Zucker und Himbeeren aufkochen und unter die PHILADELPHIA-Creme rühren.

5 Die Himbeerkonfitüre auf dem Tortenboden verstreichen, die PHILADELPHIA-Creme in die Springform füllen und 3 Stunden in den Kühlschrank stellen. Die Torte vor dem Servieren mit den restlichen Kokosraspeln bestreuen und mit einigen Himbeeren garnieren

TIPP

Zum Garnieren eignen sich am besten frische Früchte, da sie keinen Saft abgeben und die frischeste Farbe haben.

PHILADELPHIA-TORTE

APRIKOSE-SCHOKO

1 Von der Schokolade 2 Rippen abbrechen und beiseite legen. Die restliche Schokolade im Wasserbad schmelzen, anschließend mit Cornflakes (leicht zerdrücken) vermischen und in eine mit Backpapier ausgelegte Springform drücken.

2 PHILADELPHIA, Zitronensaft, Honig und Joghurt mit einem Rührgerät vermischen.

3 Aprikosen abgießen und den Saft auffangen. Tortenguss, Zucker und 150 ml Aprikosensaft aufkochen und unter die PHILADELPHIA-Creme rühren.

4 Die Hälfte der Aprikosen auf dem Cornflakesboden verteilen, anschließend die Creme in die Springform füllen und 3 Stunden in den Kühlschrank stellen.

5 Die restlichen Aprikosen pürieren und vor dem Servieren auf der Torte verteilen.

6 Die restliche Schokolade raspeln und den Tortenrand damit garnieren.

- 100 g Cornflakes
- 2 Tafeln Milka® Schokolade
- 600 g PHILADELPHIA Doppelrahm
- 300 g Joghurt
- 2 EL Honig
- 3 EL Zitronensaft
- 75 g Zucker
- 1 Pck. Tortenguss, klar
- 1 Dose Aprikosen (Abtropfgewicht 480 g)

Philadelphia-Torte

Pfirsich-Eierlikör

- 150 g Löffelbiskuit
- 125 g Butter
- 300 g Pfirsiche (aus der Dose)
- 600 g PHILADELPHIA Doppelrahm
- 300 g Joghurt
- 3 EL Zitronensaft
- 3 EL Eierlikör
- 1 Pck. Tortenguss, klar
- 75 g Zucker
- Pfirsichspalten und etwas Eierlikör zum Garnieren

1 Die Löffelbiskuits in einen großen Gefrierbeutel füllen, den Beutel verschließen und den Inhalt mit einem Nudelholz oder mit den Händen vollständig zerbröseln.

2 Die Butter schmelzen, mit den Bröseln vermischen und in eine mit Backpapier ausgelegte Springform drücken.

3 Die Pfirsiche in ein Sieb geben. Den Saft auffangen und beiseite stellen. 150 g Pfirsiche im Mixer oder mit einem Stabmixgerät pürieren.

4 PHILADELPHIA, Joghurt, Zitronensaft und Eierlikör mit einem elektrischen Rührgerät verrühren. Den Pfirsichsaft mit Wasser auf 150 ml auffüllen, mit Zucker und Tortenguss aufkochen und mit den pürierten Pfirsichen unter die PHILADELPHIA-Creme rühren.

5 Die restlichen Pfirsiche klein schneiden und auf dem Tortenboden verteilen. Die Creme darauf geben und glatt streichen. Die Torte 3 Stunden kalt stellen und vor dem Servieren mit Pfirsichspalten und Eierlikörklecksen garnieren.

TIPP

Drücken Sie vor dem Festwerden mit einem Löffel kleine Mulden für den Eierlikör in die Tortenoberfläche.

5cl

Philadelphia-Torte
Pfirsich-Himbeer

1 Die Pfirsiche schälen, entkernen und in Spalten schneiden. TK-Himbeeren auftauen und gut abtropfen lassen. Die halbe Tafel Milka® Schokolade raspeln. Die Löffelbiskuits in einen großen Gefrierbeutel füllen, den Beutel verschließen und den Inhalt mit einem Nudelholz oder den Händen vollständig zerbröseln.

2 Die Butter schmelzen, mit den Bröseln und den Schokoladeraspeln vermischen und in eine mit Backpapier ausgelegte Springform drücken.

3 PHILADELPHIA, Joghurt und Zitronensaft mit einem Rührgerät vermischen. Tortenguss, Zucker und 150 ml Wasser aufkochen und unter die PHILADELPHIA-Creme rühren.

4 Ein Viertel der Creme auf dem Tortenboden verteilen, darauf die Himbeeren und die Pfirsichspalten legen. Zum Schluss die restliche PHILADELPHIA-Creme in die Springform füllen und kuppelartig aufstreichen. Die Torte 3 Stunden in den Kühlschrank stellen. Von der restlichen Milka® Schokolade mit einem Sparschäler Röllchen schaben und die Torte damit und ein paar Früchten garnieren.

- 150 g Pfirsiche
- 150 g Himbeeren, frisch oder TK
- 1 Tafel Milka® Schokolade
- 150 g Löffelbiskuit
- 125 g Butter
- 600 g PHILADELPHIA Doppelrahm
- 300 g Joghurt
- 3 EL Zitronensaft
- 1 Pck. Tortenguss, klar
- 75 g Zucker

Philadelphia-Torte

Blaubeere

1 Die Löffelbiskuits in einen großen Gefrierbeutel füllen, den Beutel verschließen und den Inhalt mit einem Nudelholz oder den Händen vollständig zerbröseln.

2 Butter schmelzen, mit den Bröseln vermischen und in eine mit Backpapier ausgelegte Springform drücken.

3 PHILADELPHIA, Joghurt und Zitronensaft mit einem Rührgerät vermischen.

4 1 Päckchen Tortenguss mit dem Zucker und 150 ml Wasser aufkochen und unter die PHILADELPHIA-Creme rühren.

5 PHILADELPHIA-Creme in die Springform füllen. Die Blaubeeren waschen, gut abtropfen lassen und auf der Torte verteilen.

6 Die restliche Packung Tortenguss nach Herstelleranweisung zubereiten und über die Blaubeeren geben.

7 Die Torte 3 Stunden in den Kühlschrank stellen.

- 150 g Löffelbiskuit
- 125 g Butter
- 600 g PHILADELPHIA Doppelrahm
- 300 g Joghurt
- 3 EL Zitronensaft
- 2 Pck. Tortenguss, klar
- 75 g Zucker
- 300 g Blaubeeren

Philadelphia-Torte

Rote Grütze

1 Die Butterkekse in einen großen Gefrierbeutel füllen, den Beutel verschließen und den Inhalt mit einem Nudelholz oder mit den Händen vollständig zerbröseln.

2 Die Butter schmelzen, mit den Bröseln vermischen und in eine mit Backpapier ausgelegte Springform drücken.

3 PHILADELPHIA, Joghurt, Zitronensaft und 300 g Rote Grütze mit einem elektrischen Rührgerät vermischen.

4 Tortenguss und Zucker mit 150 ml Wasser aufkochen und dann unter die PHILADELPHIA-Creme rühren.

5 Die PHILADELPHIA-Creme in die Springform füllen und 3 Stunden in den Kühlschrank stellen.

6 Die Torte vor dem Servieren mit der restlichen Roten Grütze garnieren.

- 150 g Butterkekse
- 125 g Butter
- 600 g PHILADELPHIA Doppelrahm
- 300 g Joghurt
- 3 EL Zitronensaft
- 500 g Rote Grütze (selbst gemacht oder Fertigprodukt)
- 1 Pck. Tortenguss, klar
- 75 g Zucker

PFLAUME

1 Die Blätterteigbrezel in einen großen Gefrierbeutel füllen, den Beutel verschließen und die Brezel mit einem Nudelholz oder den Händen zerbröseln.

2 Die Butter schmelzen, mit den Bröseln vermischen und in eine mit Backpapier ausgelegte Springform drücken. Im Kühlschrank kühl stellen. Pflaumen auf ein Sieb geben und Saft auffangen.

3 PHILADELPHIA, Joghurt, Zitronensaft und 150 g Pflaumen mit einem Rührgerät vermischen.

4 1 Päckchen Tortenguss mit Zucker in 150 ml Pflaumensaft aufkochen und unter die PHILADELPHIA-Creme rühren.

5 Die PHILADELPHIA-Creme in die Springform füllen und die Torte 3 Stunden in den Kühlschrank stellen.

6 Die Torte vor dem Servieren mit den übrigen Pflaumen dekorieren.

7 125 ml Pflaumensaft mit dem restlichen Tortenguss aufkochen und über die Pflaumen der Garnierung verteilen.

- 200 g Blätterteigbrezel
- 125 g Butter
- 600 g PHILADELPHIA Doppelrahm
- 300 g Joghurt
- 3 EL Zitronensaft
- 300 g Pflaumen (aus dem Glas)
- 1 1/2 Pck. Tortenguss, klar
- 75 g Zucker

PHILADELPHIA-TORTE

PFLAUME-PORTWEIN

- 150 g Löffelbiskuit
- 125 g Butter
- 600 g PHILADELPHIA Doppelrahm
- 300 g Joghurt
- 3 EL Zitronensaft
- 3 EL Portwein
- 1 Glas Pflaumen (ca. 600 g)
- 1 Pck. Tortenguss, klar
- 75 g Zucker
- 1 Pck. Tortenguss, rot
- 3 EL Mandelblättchen

1 Die Löffelbiskuits in einen großen Gefrierbeutel füllen, den Beutel verschließen und den Inhalt mit einem Nudelholz oder den Händen vollständig zerbröseln.

2 Die Butter schmelzen, mit den Bröseln vermischen und in eine mit Backpapier ausgelegte Springform drücken.

3 PHILADELPHIA, Joghurt, Zitronensaft und Portwein mit einem Rührgerät vermischen.

4 Die Pflaumen abgießen und den Saft auffangen. Den klaren Tortenguss, Zucker und 150 ml Pflaumensaft in einem kleinen Topf aufkochen und unter die PHILADELPHIA-Creme rühren.

5 $^1/_4$ der PHILADELPHIA-Creme auf dem Tortenboden verteilen und darauf die Hälfte der Pflaumenstücke legen. Die restliche PHILADELPHIA-Creme in die Springform füllen und glatt streichen.

6 Die restlichen Pflaumen im Mixer pürieren und mit Pflaumensaft auf 125 ml auffüllen. Das Pflaumenpüree mit dem roten Tortenguss aufkochen und die Torte damit überziehen. Die Torte 3 Stunden in den Kühlschrank stellen. Inzwischen die Mandelblättchen ohne Fettzugabe goldgelb rösten und den Rand der Torte damit verzieren.

Philadelphia-Torte

Ananas-Vanille

1 Die Butterkekse in einen großen Gefrierbeutel füllen, den Beutel verschließen und die Kekse mit einem Nudelholz oder den Händen vollständig zerbröseln.

2 Die Butter schmelzen, mit den Bröseln vermischen und in eine mit Backpapier ausgelegte Springform drücken.

3 Die Ananasscheiben abtropfen lassen, den Saft auffangen. Die Ananasscheiben in Stücke schneiden und einige Scheiben als Garnitur beiseite legen.

4 PHILADELPHIA, Joghurt und Ananasstücke mit einem elektrischen Rührgerät vermischen. Den Tortenguss mit Zucker und 150 ml Ananassaft aufkochen und unter die PHILADELPHIA-Creme rühren.

5 Die PHILADELPHIA-Creme in die Springform füllen, glatt streichen und die Torte 3 Stunden in den Kühlschrank stellen. Die Torte vor dem Servieren mit den restlichen Ananasscheiben garnieren.

- 150 g Butterkekse
- 125 g Butter
- 250 g Ananasscheiben (aus der Dose)
- 600 g PHILADELPHIA Doppelrahm
- 300 g Vanille-Joghurt
- 1 Pck. Tortenguss, klar
- 75 g Zucker

Philadelphia-Torte Ananas-Kokos

- 150 g Löffelbiskuit
- 125 g Butter
- 600 g PHILADELPHIA Doppelrahm
- 300 g Joghurt
- 2 EL Rum
- 4 EL Kokosraspel
- 3 EL Zitronensaft
- 250 g Ananas (aus der Dose)
- 1 Pck. Tortenguss, klar
- 75 g Zucker

1 Die Löffelbiskuits in einen großen Gefrierbeutel füllen, den Beutel verschließen und den Inhalt mit einem Nudelholz oder mit den Händen vollständig zerbröseln.

2 Die Butter schmelzen, mit den Bröseln vermischen und in eine mit Backpapier ausgelegte Springform drücken.

3 PHILADELPHIA, Joghurt, Rum, Kokosraspeln und Zitronensaft mit einem elektrischen Rührgerät vermischen.

4 Ananas abgießen und den Saft auffangen. Gut abtropfen lassen. 100 ml Ananassaft mit 50 ml Wasser verdünnen. Die Ananas in mundgerechte Stücke schneiden. Tortenguss, Zucker und den verdünnten Saft aufkochen und unter die PHILADELPHIA-Creme rühren.

5 Ein Viertel der Creme auf dem Tortenboden verteilen, darauf die Ananasstückchen geben. Zum Schluss die restliche Creme in die Springform füllen und 3 Stunden in den Kühlschrank stellen. Die Torte mit ein paar frischen Fruchtstückchen und Kokosraspeln garnieren.

TIPP

Für eine Oberfläche mit Wellenlinien zeichnen Sie mit einer Gabel vor dem Kühlen Muster in die PHILADELPHIA-Creme.

Philadelphia-Torte

Weintrauben

1 Die Löffelbiskuits in einen großen Gefrierbeutel füllen, den Beutel verschließen und die Biskuits mit einem Nudelholz oder den Händen vollständig zerbröseln. Die Butter schmelzen, mit den Bröseln vermischen und die Masse in eine mit Backpapier ausgelegte Springform drücken.

2 Die Weintrauben waschen. 200 g halbieren, entkernen und mit 1 Esslöffel Marsala beträufeln.

3 PHILADELPHIA mit Joghurt und dem restlichen Marsala mit einem elektrischen Rührgerät vermischen. Tortenguss mit 75 g Zucker und 150 ml Wasser aufkochen und unter die PHILADELPHIA-Creme rühren.

4 Ein Drittel der Creme in die Springform füllen und die halbierten Weintrauben darauf verteilen. Die restliche Creme einfüllen und glatt streichen. Die Torte 3 Stunden in den Kühlschrank stellen.

5 Das Eiweiß verschlagen. Die übrigen Weintrauben erst im Eiweiß und anschließend im restlichen Zucker wenden. Die Torte kurz vor dem Servieren damit garnieren.

- 150 g Löffelbiskuit
- 125 g Butter
- 300 g grüne Weintrauben
- 5 EL Marsala
- 600 g PHILADELPHIA Doppelrahm
- 300 g Joghurt
- 1 Pck. Tortenguss, klar
- 125 g Zucker
- 1 Eiweiß

Philadelphia-Torte Preiselbeer-Mandel

- 150 g Löffelbiskuits
- 125 g Butter
- 600 g PHILADELPHIA Doppelrahm
- 300 g Joghurt
- 3 EL Zitronensaft
- 1 Pck. Tortenguss, klar
- 75 g Zucker
- 1 Glas Preiselbeeren (395 g)
- 50 g Mandelblättchen, geröstet

1 Löffelbiskuits in einen großen Gefrierbeutel füllen, den Beutel verschließen und den Inhalt mit einem Nudelholz oder mit den Händen vollständig zerbröseln.

2 Die Butter schmelzen, mit den Bröseln vermischen und in eine mit Backpapier ausgelegte Springform füllen.

3 Mit einem Handrührgerät PHILADELPHIA, Joghurt und Zitronensaft vermischen. Tortenguss, Zucker und 150 ml Wasser aufkochen und unter die PHILADELPHIA-Creme rühren.

4 Von den Preiselbeeren 4 Esslöffel für die Garnitur zur Seite stellen. Etwa ein Viertel der PHILADELPHIA-Creme auf den Tortenboden geben. Die restlichen Preiselbeeren so darauf verteilen, dass ein 2 cm breiter Rand bleibt.

5 Die Hälfte der Mandelblättchen über die Preiselbeeren streuen. Die restliche Creme in die Springform füllen und glatt streichen.

6 Die zur Seite gestellten Preiselbeeren pürieren und auf der Oberfläche verteilen. Die Torte 3 Stunden in den Kühlschrank stellen. Den Tortenrand mit den restlichen Mandelblättchen garnieren.

Philadelphia-Torte
Birne-Schokolade

- 150 g Löffelbiskuit
- 125 g Butter
- 7 EL Kaba®
- 600 g PHILADELPHIA Doppelrahm
- 300 g Joghurt
- 3 EL Zitronensaft
- 250 g Birnen, (aus der Dose)
- 1 Pck. Tortenguss, klar
- 75 g Zucker

1 Die Löffelbiskuits in einen großen Gefrierbeutel füllen, den Beutel verschließen und den Inhalt mit einem Nudelholz oder den Händen vollständig zerbröseln.

2 Die Butter schmelzen, mit den Bröseln und 5 Esslöffeln Kaba® vermischen und in eine mit Backpapier ausgelegte Springform drücken.

3 PHILADELPHIA, Joghurt und Zitronensaft mit einem elektrischen Rührgerät vermischen. Die Birnen abtropfen lassen, den Saft auffangen. 1 Birnenhälfte in Spalten schneiden. Die übrigen Früchte in Stücke schneiden

4 Tortenguss, Zucker und 150 ml Birnensaft in einem kleinen Topf aufkochen und unter die PHILADELPHIA-Creme rühren.

5 Ein Viertel der Creme auf dem Tortenboden verteilen. Die Birnenstücke darauf legen und zum Schluss die restliche PHILADELPHIA-Creme in die Springform füllen. Glatt streichen und die Torte 3 Stunden in den Kühlschrank stellen. Vor dem Servieren mit dem restlichen Kaba® bestäuben und mit Birnenspalten garnieren

TIPP

Legen Sie Papierstreifen auf die Torte und streuen Sie Kaba® durch ein Sieb darauf. Danach die Papierstreifen entfernen.

PHILADELPHIA-TORTE

KIWI-VANILLE

1 Die Blätterteigbrezel in einen großen Gefrierbeutel füllen, den Beutel verschließen und die Brezel mit einem Nudelholz oder den Händen vollständig zerbröseln.

2 Die Butter schmelzen, mit den Bröseln vermischen und in eine mit Backpapier ausgelegte Springform drücken, den Boden kühl stellen.

3 Die Vanilleschote längs aufschneiden und mit einem möglichst scharfrandigen Löffel das Mark ausschaben. PHILADELPHIA, Joghurt und Vanillemark mit einem Rührgerät sorgfältig vermischen.

4 Kiwis schälen. Eine für die Dekoration in Scheiben, die übrigen in Stücke schneiden. Tortenguss und Zucker mit 150 ml Wasser aufkochen und unter die PHILADELPHIA-Creme rühren, anschließend die Kiwistücke vorsichtig unterheben.

5 PHILADELPHIA-Creme in die Springform füllen und die Torte 3 Stunden in den Kühlschrank stellen. Unmittelbar vor dem Servieren mit den Kiwischeiben dekorieren.

- 200 g Blätterteigbrezel
- 125 g Butter
- 1 Vanilleschote
- 600 g PHILADELPHIA Doppelrahm
- 300 g Joghurt
- 5–6 Kiwis
- 1 Pck. Tortenguss, klar
- 75 g Zucker

Philadelphia-Torte

Birne-Haselnuss

- 150 g Löffelbiskuit
- 125 g Butter
- 600 g PHILADELPHIA Doppelrahm
- 300 g Joghurt
- 3 EL Zitronensaft
- 1 Dose Birnen in Hälften (Abtropfgewicht 460 g)
- 1 Pck. Tortenguss, klar
- 75 g Zucker
- 100 g Haselnüsse, gehackt

1 Die Löffelbiskuits in einen großen Gefrierbeutel füllen, den Beutel verschließen und den Inhalt mit einem Nudelholz oder den Händen vollständig zerbröseln.

2 Die Butter schmelzen, mit den Bröseln vermischen und in eine mit Backpapier ausgelegte Springform drücken. Mit 6 Esslöffeln gehackten Haselnüssen bestreuen.

3 PHILADELPHIA, Joghurt und Zitronensaft mit einem elektrischen Rührgerät vermischen. Die Birnen abtropfen lassen, den Saft auffangen. 1 Birnenhälfte in Spalten schneiden und beiseite stellen.

4 Tortenguss und Zucker in 150 ml Birnensaft aufkochen und unter die PHILADELPHIA-Creme rühren.

5 Ein Viertel der Creme auf dem Tortenboden verteilen und mit den Birnenhälften belegen. Die restliche PHILADELPHIA-Creme in die Springform füllen, glatt streichen und die Torte für 3 Stunden in den Kühlschrank stellen.

6 Die Torte vor dem Servieren mit den Birnenspalten garnieren und mit den restlichen gehackten Haselnüssen bestreuen.

TIPP

Möchten Sie frische Birnen verwenden, müssen diese vor der Verarbeitung in etwas Wasser weich gedünstet werden.

Philadelphia-Torte

Zitrus

- 150 g Löffelbiskuit
- 125 g Butter
- 600 g PHILADELPHIA Doppelrahm
- 300 g Joghurt
- 3 EL Limettensaft, frisch gepresst
- 1 Pck. Tortenguss, klar
- 75 g Zucker
- 5 EL Orangensaft, frisch gepresst
- 5 EL Zitronensaft, frisch gepresst
- 5 EL Grapefruitsaft, frisch gepresst
- einige Orangen- und Limettenscheiben zum Garnieren

1 Die Löffelbiskuits in einen großen Gefrierbeutel füllen, den Beutel verschließen und den Inhalt mit einem Nudelholz oder den Händen vollständig zerbröseln.

2 Die Butter schmelzen, mit den Bröseln vermengen und in eine mit Backpapier ausgelegte Springform drücken.

3 PHILADELPHIA, Joghurt und Limettensaft mit einem elektrischen Rührgerät vermischen.

4 Tortenguss, Zucker, Orangen-, Zitronen- und Grapefruitsaft in einem Topf aufkochen und unter die PHILADELPHIA-Creme rühren.

5 Die Creme in die Springform füllen und 3 Stunden in den Kühlschrank stellen. Die Torte vor dem Servieren mit Orangen- und Limettenscheiben garnieren.

TIPP

Zitrusfrüchte geben mehr Saft, wenn man sie vor dem Auspressen unter kräftigem Druck hin- und herwälzt.

Philadelphia-Torte

Müsli-Orange

1 Die Löffelbiskuits in einen großen Gefrierbeutel füllen, den Beutel verschließen und den Inhalt mit einem Nudelholz oder den Händen vollständig zerbröseln.

2 Die Butter schmelzen, mit den Bröseln und 3 Esslöffeln Müsli vermischen und in eine mit Backpapier ausgelegte Springform drücken.

3 2 Orangen schälen und filetieren, 1 Orange auspressen. PHILADELPHIA, Joghurt, Orangenfilets und 2 Esslöffel Müsli mit einem Rührgerät vermischen.

4 Tortenguss mit Zucker und 150 ml ausgepresstem Orangensaft in einem Topf aufkochen und unter die PHILADELPHIA-Creme rühren.

5 Die PHILADELPHIA-Creme in die Springform füllen und die Torte 3 Stunden in den Kühlschrank stellen. Vor dem Servieren mit dem restlichen Müsli bestreuen.

- 150 g Löffelbiskuit
- 125 g Butter
- 6 EL Müsli
- 3 Orangen
- 600 g PHILADELPHIA Doppelrahm
- 300 g Joghurt
- 1 Pck. Tortenguss, klar
- 75 g Zucker

PHILADELPHIA-TORTE
ORANGE-MANDEL

- 150 g Löffelbiskuit
- 125 g Butter
- 600 g PHILADELPHIA Doppelrahm
- 300 g Joghurt
- 3 EL Zitronensaft
- 4 Orangen
- 1 Pck. Tortenguss, klar
- 75 g Zucker
- 150 ml Orangensaft
- 3 EL Mandelblätter
- 1 unbehandelte Orange

1 Die Löffelbiskuits in einen großen Gefrierbeutel füllen, den Beutel verschließen und den Inhalt mit einem Nudelholz oder den Händen vollständig zerbröseln.

2 Die Butter schmelzen, mit den Bröseln vermischen und in eine mit Backpapier ausgelegte Springform drücken.

3 PHILADELPHIA, Joghurt und Zitronensaft mit einem elektrischen Rührgerät vermischen.

4 Tortenguss, Zucker und Orangensaft in einem kleinen Topf aufkochen und unter die PHILADELPHIA-Creme rühren. Die Orangen schälen, filetieren und unter die Creme heben.

5 Die Mandelblätter rösten und 2 Esslöffel auf dem Tortenboden verteilen. Die PHILADELPHIA-Orangen-Creme in die Springform füllen und die Torte 3 Stunden in den Kühlschrank stellen. Die unbehandelte Orange in Spalten schneiden. Die Torte vor dem Servieren mit den Orangenspalten und den restlichen Mandeln garnieren.

TIPP

Rösten Sie die Mandelblätter ohne Fettzugabe in einer schweren Pfanne, bis sie zu duften beginnen. So entfalten Sie ihr Aroma.

PHILADELPHIA-TORTE

MANDARINE-VANILLE

- 150 g Löffelbiskuit
- 125 g Butter
- 1 kleine Dose Mandarinen (Abtropfgewicht 175 g)
- 1 Vanilleschote
- 600 g PHILADELPHIA Doppelrahm
- 300 g Joghurt
- 1 Pck. Tortenguss, klar
- 75 g Zucker
- 75 g Aprikosenkonfitüre
- 1 EL Puderzucker
- 2 EL Pistazien, gehackt

1 Die Löffelbiskuits in einen großen Gefrierbeutel füllen, den Beutel verschließen und den Inhalt mit einem Nudelholz oder den Händen vollständig zerbröseln.

2 Die Butter schmelzen, mit den Bröseln vermischen und in eine mit Backpapier ausgelegte Springform drücken.

3 Die Mandarinen in ein Sieb abgießen und den Saft auffangen. Die Vanilleschote längs aufschneiden und das Mark mit einem Löffel herausschaben.

4 PHILADELPHIA, Joghurt und das Vanillemark mit einem Rührgerät vermischen.

5 Den Mandarinensaft mit Wasser auf 150 ml auffüllen. Den Tortenguss mit dem Zucker und Mandarinensaft in einem kleinen Topf aufkochen und unter die PHILADELPHIA-Creme rühren. Einige Mandarinen für die Garnitur zurückbehalten, die übrigen unter die Creme mischen.

6 PHILADELPHIA-Creme in die Springform füllen und 3 Stunden in den Kühlschrank stellen.

7 Die Torte mit den restlichen Mandarinenfilets belegen. Die Aprikosenkonfitüre mit dem Puderzucker unter Rühren aufkochen, durch ein Sieb streichen und die Mandarinengarnitur mit dem Guss überziehen. Zuletzt mit den Pistazien bestreuen.

Philadelphia-Torte

Pink Grapefruit

1 Die Löffelbiskuits in einen großen Gefrierbeutel füllen, den Beutel verschließen und den Inhalt mit einem Nudelholz oder den Händen vollständig zerbröseln.

2 Die Butter schmelzen, mit den Bröseln und den Mandelstiften vermischen und in eine mit Backpapier ausgelegte Springform drücken.

3 Von den Grapefruits 3 schälen und filetieren. Einige Filets zum Garnieren beiseite legen. Filets klein schneiden und mit PHILADELPHIA, Joghurt und Himbeersirup mit einem elektrischen Rührgerät vermischen.

4 Die übrige Grapefruit auspressen. 150 ml Saft mit Tortenguss und Zucker aufkochen und unter die PHILADELPHIA-Creme rühren.

5 PHILADELPHIA-Creme in die Springform füllen und 3 Stunden in den Kühlschrank stellen. Die Torte vor dem Servieren mit den restlichen Grapefruitfilets garnieren.

- 150 g Löffelbiskuit
- 125 g Butter
- 2 EL Mandelstifte
- 4 Grapefruits
- 600 g PHILADELPHIA Doppelrahm
- 300 g Joghurt
- 2 EL Himbeersirup
- 1 Pck. Tortenguss, klar
- 75 g Zucker

Philadelphia-Torte

Apfel-Zimt

- 150 g Löffelbiskuit
- 125 g Butter
- 600 g PHILADELPHIA Doppelrahm
- 300 g Joghurt
- 5 EL Zitronensaft
- $^1/_2$ TL Zimt
- 1 Pck. Tortenguss, klar
- 200 g Apfelmus
- 75 g Zucker
- 2 Äpfel
- 2 EL Rumrosinen

1 Die Löffelbiskuits in einen großen Gefrierbeutel füllen, den Beutel verschließen und den Inhalt mit einem Nudelholz oder den Händen vollständig zerbröseln.

2 Die Butter schmelzen, mit den Bröseln vermischen und in eine mit Backpapier ausgelegte Springform drücken.

3 PHILADELPHIA, Joghurt, 3 Esslöffel Zitronensaft und Zimt mit einem elektrischen Rührgerät vermischen.

4 Tortenguss, Zucker und Apfelmus aufkochen und unter die PHILADELPHIA-Creme rühren.

5 1 Apfel schälen und in Stücke schneiden. Ein Viertel der PHILADELPHIA-Creme auf den Tortenboden geben, die Apfelstücke und drei Viertel der Rumrosinen darauf verteilen. Die restliche PHILADELPHIA-Creme in die Springform füllen und glatt streichen. Die Torte 3 Stunden in den Kühlschrank stellen.

6 Den zweiten Apfel in Spalten schneiden, mit Zitronensaft beträufeln und mit den restlichen Rumrosinen als Dekoration verwenden.

PHILADELPHIA-TORTE

APFEL-WALNUSS

1 Die Löffelbiskuits in einen großen Gefrierbeutel füllen, den Beutel verschließen und den Inhalt mit einem Nudelholz oder den Händen vollständig zerbröseln.

2 Die Butter schmelzen, mit den Bröseln vermischen, in eine mit Backpapier ausgelegte Springform geben.

3 PHILADELPHIA, Joghurt und 3 Esslöffel Zitronensaft mit einem Rührgerät vermischen. Den Tortenguss, Zucker und 150 ml Wasser aufkochen und unter die PHILADELPHIA-Creme rühren.

4 Die Äpfel waschen, einen davon in dünne Scheiben, die anderen in dünne Spalten schneiden. Alle sofort mit 1 Esslöffel Zitronensaft beträufeln. Die Walnusskerne grob hacken.

5 $^{1}/_{4}$ der PHILADELPHIA-Creme auf dem Tortenboden verteilen, darauf die Apfelspalten legen und die Walnüsse darüber streuen. Die restliche Creme in die Springform füllen und glatt streichen. Die Torte 3 Stunden in den Kühlschrank stellen. Vor dem Servieren mit den halbierten Apfelscheiben und einigen Walnüssen garnieren.

- 150 g Löffelbiskuit
- 125 g Butter
- 600 g PHILADELPHIA Doppelrahm
- 300 g Joghurt
- 4 EL Zitronensaft
- 75 g Zucker
- 1 Pck. Tortenguss, klar
- 3 Äpfel
- 30 g Walnusskerne
- Walnüsse zum Garnieren

Für Kids

Philadelphia-Torte

Banane-Waldmeister

- 1 Pck. Götterspeise, Waldmeister
- 150 g Löffelbiskuit
- 125 g Butter
- 600 g PHILADELPHIA Doppelrahm
- 300 g Joghurt
- 4 EL Zitronensaft
- 1 Pck. Tortenguss, klar
- 75 g Zucker
- 3 Bananen

1 Die Götterspeise nach Herstelleranweisung zubereiten. Dabei statt 500 ml nur 250 ml Wasser verwenden und kalt stellen.

2 Die Löffelbiskuits in einen großen Gefrierbeutel füllen, den Beutel verschließen und den Inhalt mit einem Nudelholz oder den Händen vollständig zerbröseln.

3 Die Butter schmelzen, mit den Bröseln vermischen und in eine mit Backpapier ausgelegte Springform drücken.

4 PHILADELPHIA, Joghurt und 3 Esslöffel Zitronensaft mit einem elektrischen Rührgerät vermischen. Tortenguss, Zucker und 150 ml Wasser in einem kleinen Topf aufkochen und unter die PHILADELPHIA-Creme rühren.

5 Die Bananen in Scheiben schneiden, mit dem restlichen Zitronensaft beträufeln und $^2/_3$ auf dem Tortenboden verteilen.

6 Die PHILADELPHIA-Creme auf die Bananen in die Springform füllen, mit den restlichen Bananenscheiben belegen und die flüssige Götterspeise darüber verteilen. Die Torte 3 Stunden in den Kühlschrank stellen.

TIPP

Diese Torte lässt sich besonders fantasievoll dekorieren: z. B. mit Bananenscheiben, geraspelter Zitronenschale oder Zitronenscheiben.

Philadelphia-Torte

Himbeer-Zitrone

- 1 Pck. Götterspeise, Zitrone
- 150 g Löffelbiskuit
- 125 g Butter
- 600 g PHILADELPHIA Doppelrahm
- 300 g Joghurt
- 3 EL Zitronensaft
- 1 Pck. Tortenguss, klar
- 75 g Zucker
- 200 g Himbeeren

1 Die Götterspeise nach Herstelleranweisung zubereiten. Dabei jedoch statt 500 ml nur 250 ml Wasser verwenden. Die Zitronen-Götterspeise in eine Schüssel füllen und kalt stellen.

2 Die Löffelbiskuits in einen großen Gefrierbeutel füllen, den Beutel verschließen und den Inhalt mit dem Nudelholz oder den Händen vollständig zerbröseln.

3 Die Butter schmelzen, mit den Bröseln vermischen und in eine mit Backpapier ausgelegte Springform drücken.

4 PHILADELPHIA, Joghurt und Zitronensaft mit einem Rührgerät vermischen.

5 Tortenguss, Zucker und 150 ml Wasser in einem kleinen Topf aufkochen und unter die PHILADELPHIA-Creme rühren.

6 Die Himbeeren auf dem Tortenboden verteilen. Anschließend die PHILADELPHIA-Creme in die Springform füllen und die flüssige Zitronen-Götterspeise darüber verteilen. Die Torte 3 Stunden kalt stellen.

TIPP

Als Garnitur können Sie rote und gelbe Weingummis verwenden. Einfach klein schneiden und am Tortenrand verteilen.

PHILADELPHIA Gefüllte Muffins

Für 9 – 10 Muffins

- 150 g Milka® Schokolade
- 120 g Butter
- 1 TL Backpulver (gestr.)
- 225 g Mehl
- 135 g Zucker
- 2 Eier
- 5 EL Milch
- 300 g PHILADELPHIA Doppelrahm
- 150 g Joghurt
- 2 TL Tortenguss, klar
- Muffinförmchen (Papier oder Muffin-Blech)

1 Die Schokolade mit einem scharfen Messer in kleine Stücke zerteilen. 2 Esslöffel der Schokoladenstücke beiseite stellen. Den Backofen auf 190 °C vorheizen. Die Muffin-Förmchen mit 1 Teelöffel Butter ausfetten.

2 Backpulver unter das Mehl mischen. Die übrige Butter (etwa 115 g) mit einem Rührgerät schaumig rühren. Nach und nach 100 g Zucker, die Eier und die Mehl-Backpulver-Mischung zugeben. Zuletzt die Milch langsam einrühren. Alles zu einem glatten Teig verarbeiten.

3 Die Hälfte der Teigmasse in die Näpfe der Muffin-Form einfüllen und Schokoladenstücke darüber streuen. Den restlichen Teig auf die Formen verteilen und die übrigen Schokoladenstücke darüber streuen. Die Muffins im Backofen bei 190 °C etwa 25 Minuten backen und auskühlen lassen.

4 Für die PHILADELPHIA-Creme den PHILADELPHIA mit Joghurt verrühren. In einem kleinen Topf 100 ml Wasser mit Tortenguss und dem restlichen Zucker kurz aufkochen und unter die Creme rühren. Die restlichen Schokoladenstückchen unterheben.

5 Die ausgekühlten Muffins halbieren und etwa zwei Drittel der PHILADELPHIA-Creme mit einem Spritzbeutel auf die Muffinhälften verteilen. Die Muffin-Deckel auflegen und mit der restlichen PHILADELPHIA-Creme garnieren.

PHILADELPHIA

WAFFELSCHNITTEN

- 50 g Erdbeeren (frisch oder TK)
- 50 g Mandarinen (aus der Dose)
- 300 g PHILADELPHIA Doppelrahm
- 150 g Joghurt
- 1 EL Zitronensaft
- 2 TL Tortenguss, klar
- 35 g Zucker
- 12 Butter- oder Toastwaffeln
- Früchte als Garnitur

Für 8 Waffelschnitten

1 Die Erdbeeren putzen und waschen, Tiefkühlware auftauen, die Mandarinen abtropfen lassen.

2 PHILADELPHIA mit Joghurt und Zitronensaft mischen. In einem kleinen Topf 100 ml Wasser mit dem Tortenguss und Zucker kurz aufkochen und unter die Creme rühren.

3 Die PHILADELPHIA-Creme in 2 Portionen teilen. Eine Portion mit den Erdbeeren, die andere mit den Mandarinen mischen und beides kurz pürieren.

4 Auf 4 Waffeln die Mandarinencreme streichen und mit je einer weiteren Waffel belegen. Darauf die Erdbeercreme streichen und mit den restlichen Waffeln belegen.

5 Die Waffelschnitten 1 Stunde in den Kühlschrank stellen. Anschließend diagonal halbieren und mit einigen Früchten garnieren.

TIPP

Wenn mal etwas mehr Zeit ist, schmecken diese Waffelschnitten auch mit selbst gebackenen Waffeln (s. Seite 98) sehr gut.

PHILADELPHIA

Obstsalat-Törtchen

Für 8 Törtchen

Für den Teig:

- 125 g Butter
- 125 g Zucker
- 1 Pck. Vanillinzucker
- 2 Eier
- 150 g Mehl
- 1 TL (gestr.) Backpulver
- 1 EL Milch

Für die Creme:

- 600 g PHILADELPHIA Doppelrahm
- 300 g Joghurt
- 3 EL Zitronensaft
- 1 Pck. Tortenguss, klar
- 75 g Zucker

Für den Obstsalat:

- 300 g Früchte (z. B. Weintrauben, Kiwi, Erdbeeren, Äpfel, Mandarinen)
- 2 EL Zitronensaft
- 2 EL gehackte Pistazien
- 1 Pck. Tortenguss, klar
- 2 EL Zucker

1 Für den Teig Butter in einer Rührschüssel mit dem Handrührgerät schaumig rühren. Zucker und Vanillinzucker nach und nach hinzufügen und anschließend die Eier unterrühren.

2 Mehl mit Backpulver mischen, sieben und in 2 Portionen ebenfalls unterrühren. Anschließend die Milch in den Teig rühren.

3 Den Teig auf 8 gefettete Torteletttförmchen à 12 cm Durchmesser verteilen, glatt streichen und etwa 20 Minuten bei 180 °C Ober-/Unterhitze, bzw. 160 °C Umluft backen.

4 Für die Creme PHILADELPHIA, Joghurt und Zitronansaft mit einem Rührgerät vermischen. In einem kleinen Topf 150 ml Wasser mit 1 Päckchen Tortenguss und Zucker kurz aufkochen und unter die Creme rühren.

5 PHILADELPHIA-Creme in einen Spritzbeutel füllen und auf die Törtchen spritzen.

6 Früchte klein schneiden, mit Zitronensaft beträufeln, damit sie nicht braun werden, und auf der PHILADELPHIA-Creme dekorieren. Mit gehackten Pistazien bestreuen.

7 1 Päckchen Tortenguss laut Packungsanweisung zubereiten und mit dem Guss die Früchte überziehen. Die Törtchen etwa 1 Stunde kühl stellen.

PHILADELPHIA

Riesenwindbeutel

- 1 Prise Salz
- 50 g Butter
- 125 g Weizenmehl
- 2 Eier
- 300 g PHILADELPHIA Doppelrahm
- 150 g Joghurt
- 1 Pck. Vanillinzucker
- 2 TL Tortenguss, klar
- 35 g Zucker
- 150 g Pfirsiche
- Zuckerschrift und Gebäckschmuck nach Belieben

1 Für den Brandteig 250 ml Wasser, Salz und Butter in einer Stielkasserolle zum Kochen bringen und von der Kochstelle ziehen. Das Mehl auf einmal in die Flüssigkeit schütten, zu einem glatten Kloß rühren und unter Rühren etwa 1 Minute erhitzen.

2 Den heißen Teigkloß sofort in eine Schüssel geben und nach und nach die Eier mit einem Rührgerät mit Knethaken auf höchster Stufe unterarbeiten. Den Backofen auf 200 °C vorheizen.

3 Den Teig in einen Spritzbeutel mit Sterntülle füllen. Zwei Kreise mit etwa 18 cm Durchmesser auf Backpapier aufzeichnen und mit dem Teig ausspritzen. Den Brandteig etwa 25 Minuten backen und gut auskühlen lassen.

4 Für die PHILADELPHIA-Creme PHILADELPHIA, Joghurt und Vanillinzucker mit einem Rührgerät vermischen. Tortenguss und Zucker mit 100 ml Wasser aufkochen und unter die PHILADELPHIA-Creme rühren.

5 Die Pfirsiche brühen, schälen und in Spalten schneiden. Die Pfirsichspalten unter die PHILADELPHIA-Creme ziehen und anschließend auf einem der Brandteig-Böden verteilen. 1 Stunde kühl stellen.

6 Den zweiten Boden auf den Riesenwindbeutel legen und nach Belieben mit Zuckerschrift aus der Tube und Gebäckschmuck verzieren.

Philadelphia-Torte

Himbeer-Quench®

- 150 g Löffelbiskuit
- 125 g Butter
- 600 g PHILADELPHIA Doppelrahm
- 300 g Joghurt
- 4 EL Quench® Himbeer
- 1 Pck. Tortenguss, klar
- 75 g Zucker
- 200 g Himbeeren
- 1/2 Tafel Milka® Schokolade
- einige Himbeeren als Garnitur

1 Die Löffelbiskuits in einen großen Gefrierbeutel füllen, den Beutel verschließen und den Inhalt mit einem Nudelholz oder den Händen vollständig zerbröseln.

2 Die Butter schmelzen, mit den Bröseln vermischen und in eine mit Backpapier ausgelegte Springform drücken.

3 PHILADELPHIA, Joghurt und Quench® mit einem Rührgerät vermischen. Tortenguss, Zucker und 150 ml Wasser in einem kleinen Topf aufkochen und unter die PHILADELPHIA-Creme rühren.

4 1/4 der PHILADELPHIA-Creme auf dem Tortenboden verstreichen und mit den Himbeeren belegen. Die restliche PHILADELPHIA-Creme in die Springform füllen, glatt streichen und 3 Stunden kalt stellen.

5 Die Torte mit geschmolzener Milka®-Schokolade und einigen Himbeeren garnieren.

TIPP

Schmelzen Sie die Schokolade im Wasserbad, geben Sie sie in eine unten offene Pergamentpapier-Tüte und verzieren Sie die Torte.

PHILADELPHIA

Butterkeks-Sandwich

- 300 g PHILADELPHIA Doppelrahm
- 150 g Joghurt
- 1 EL Zitronensaft
- 2 TL Tortenguss, klar
- 35 g Zucker
- 1 Pck. Butterkekse (ca. 30 Stück)
- Frische Früchte nach Belieben (z. B. Erdbeerscheiben, Kiwischeiben, Pfirsichspalten)

Für 15 Sandwiches

1 PHILADELPHIA, Joghurt und Zitronensaft mit einem elektrischen Rührgerät vermischen.

2 Den Tortenguss und Zucker mit 100 ml Wasser aufkochen und unter die PHILADELPHIA-Creme rühren.

TIPP

Ein echter Hit für Kinderfeste, wenn es einmal schnell gehen muss. Schmeckt mit Schokozwieback auch sehr gut.

3 Etwa 15 Butterkekse mit $^2/_3$ der PHILADELPHIA-Creme bestreichen und Früchte nach Wahl darauf legen.

4 Die übrige Creme auf den restlichen Keksen verteilen und die Butterkekse anschließend wie einen Sandwich zusammenlegen.

5 Die Butterkeks-Sandwiches 1 Stunde im Kühlschrank kühlen.

FÜR GROSSE

NASCHKATZEN

PHILADELPHIA

MANDARINEN-WINDBEUTE

- 50 g Butter
- 130 g Mehl
- 50 g Speisestärke
- 1 TL Backpulver
- 4 Eier
- 1 Pck. Tortenguss, klar
- 2 Dosen (à 315 ml) Mandarinen
- 600 g PHILADELPHIA Doppelrahm
- 300 g Joghurt
- 3 EL Limettensaft
- 1 Pck. Vanillezucker
- 75 g Zucker
- 1 EL Puderzucker
- einige Limettenscheiben

Für 10 Windbeutel

1 Den Backofen auf 200 °C vorheizen. Die Butter mit $^{1}/_{4}$ l Wasser in einem Topf aufkochen. Mehl, Speisestärke und Backpulver mischen und auf einmal in die Butter-Wasser-Mischung geben. So lange rühren, bis sich ein Kloß vom Topfboden löst. Nun den Teig in eine Schüssel geben und die Eier einzeln mit einem elektrischen Handrührgerät mit Knethaken unter den Teig rühren.

2 Ein Backblech mit Backpapier auslegen. Den Teig in einen Spritzbeutel mit Sterntülle einfüllen und 10 Tuffs auf das Backpapier spritzen. Die Windbeutel im Backofen etwa 30 Minuten backen. Nach dem Backen sofort mit einer Schere einen Deckel abschneiden.

3 Die Hälfte der abgetropften Mandarinen fein hacken und mit PHILADELPHIA, Joghurt, Limettensaft und Vanillezucker verrühren.

4 Tortenguss mit 75 g Zucker und 150 ml Wasser aufkochen und unter die PHILADELPHIA-Creme rühren.

5 Die PHILADELPHIA-Creme in die unteren Windbeutelhälften füllen und anschließend die Deckel darauf setzen. Die Windbeutel mit Puderzucker bestäuben und mit den restlichen Mandarinenspalten sowie den Limettenscheiben garnieren.

Philadelphia

Waffeln mit Früchten

Für 7 Waffeln

1 Die Eier mit einem elektrischen Rührgerät schaumig rühren, 200 g PHILADELPHIA dazugeben. Nach und nach das Mehl, 2 Esslöffel Zucker und die Milch unterrühren.

2 Das Waffeleisen aufheizen, einfetten und 7 goldgelbe Waffeln backen. Die Waffeln nach Belieben mit Puderzucker bestäuben.

3 Mit einem Rührgerät den restlichen PHILADELPHIA mit Joghurt und Zitronensaft glatt rühren. Den Tortenguss mit dem restlichen Zucker (35 g) und 100 ml Wasser in einem Topf aufkochen und unter die PHILADELPHIA-Creme rühren.

4 Die Creme kurz kühlen und mit frischen Früchten zu den Waffeln servieren.

Für den Teig:

- 3 Eier
- 200 g PHILADELPHIA Doppelrahm
- 150 g Mehl
- 2 EL Zucker
- 50 ml Milch
- Puderzucker

Für die Creme:

- 300 g PHILADELPHIA Doppelrahm
- 150 g Joghurt
- 1 EL Zitronensaft
- 35 g Zucker
- 2 TL Tortenguss, klar
- frische Früchte

PHILADELPHIA

Heidelbeer-Portwein-Törtchen

- 600 g PHILADELPHIA Doppelrahm
- 300 g Joghurt
- 3 EL Zitronensaft
- 1 Pck. Tortenguss, klar
- 75 g Zucker
- 150 g Heidelbeeren
- 1 EL Portwein
- 12 Torteletts (Fertigprodukt)
- 1 unbehandelte Orange

Für 12 Stück

1 PHILADELPHIA, Joghurt und Zitronensaft mit einem elektrischen Handrührgerät glatt rühren.

2 Tortenguss und Zucker mit 150 ml Wasser in einem kleinen Topf aufkochen und unter die PHILADELPHIA-Creme rühren.

3 Die PHILADELPHIA-Creme in 2 gleich große Portionen teilen. 100 g Heidelbeeren pürieren und mit dem Portwein in eine Hälfte der PHILADELPHIA-Creme rühren. Beide Cremes im Kühlschrank fest werden lassen.

4 Die Heidelbeer-Creme in einen Spritzbeutel füllen, einen Kreis auf den Rand eines jeden Torteletts spritzen und die Mitte jeweils mit der weißen PHILADELPHIA-Creme füllen. Die Orange gut waschen und mit einem Sparschäler feine Streifen aus der Schale schneiden. Die Törtchen mit den restlichen Heidelbeeren und Orangenschalenstreifen garnieren.

TIPP

Statt fertige Torteletts zu verwenden, können Sie auch selber leckere Mürbteigtörtchen backen (Rezept S. 102).

PHILADELPHIA

Stachelbeer-Törtchen

Für den Teig:

- 150 g Mehl
- 1 TL (gestr.) Backpulver
- 50 g gemahlene Mandeln
- 50 g Zucker
- 1 Pck. Vanillinzucker
- 1 Ei
- 75 g Butter
- 10 Torteletttförmchen, ca. 9 cm Ø

Für die Creme:

- 600 g PHILADELPHIA Doppelrahm
- 300 g Joghurt
- 1 Glas Stachelbeeren
- 1 Pck. Tortenguss, klar
- 75 g Zucker
- 1 Vanilleschote

Für 10 Törtchen

1 Für den Teig Mehl und Backpulver mischen und in eine Rührschüssel sieben. Mandeln, Zucker, Vanillinzucker, Ei und Butter dazu geben. Alles mit einem Rührgerät mit Knethaken verkneten, auf einer bemehlten Arbeitsfläche zu einem glatten Teig verarbeiten und anschließend 30 Minuten kühlen. Den Backofen auf 200 °C vorheizen.

2 Den Teig 5 mm dick ausrollen und 10 Kreise von etwa 11 cm Durchmesser ausstechen. Diese in gefettete Torteletf-Förmchen geben, gut hineindrücken, mit einer Gabel mehrfach einstechen und im Backofen etwa 20 Minuten backen. Sofort nach dem Backen die Törtchen auf Kuchengitter stürzen und auskühlen lassen.

3 Die Vanilleschote längs aufschneiden und mit einem Löffel das Mark herausschaben. PHILADELPHIA, Joghurt und Vanillemark mit einem Rührgerät vermischen.

4 Die Stachelbeeren abgießen und den Saft auffangen. Tortenguss und Zucker mit 150 ml Stachelbeersaft aufkochen und unter die PHILADELPHIA-Creme rühren.

5 Mit einem Spritzbeutel zwei Drittel der PHILADELPHIA-Creme auf die Böden verteilen und mit den Stachelbeeren belegen. Die restliche PHILADELPHIA-Creme mit dem Spritzbeutel auf die Stachelbeeren spritzen und nach Belieben mit gehackten Mandeln garnieren.

PHILADELPHIA

Erdbeer-Charlotte

- 3 Eier
- 225 g Zucker
- 1 Pck. Vanillinzucker
- 100 g Mehl
- 50 g Speisestärke
- 1 TL (gestr.) Backpulver
- 180 g Erdbeerkonfitüre
- 300 g Erdbeeren
- 600 g PHILADELPHIA Doppelrahm
- 300 g Joghurt
- 1 Pck. Tortenguss

1 Die Eier trennen. Die Eigelbe mit 5 Esslöffeln warmem Wasser schaumig schlagen. Nach und nach 75 g Zucker und den Vanillinzucker einstreuen. So lange schlagen, bis eine cremige Masse entstanden ist.

2 Das Eiweiß steif schlagen, dabei nach und nach weitere 75 g Zucker einrieseln lassen. Den Eischnee auf die Eicreme geben. Das Mehl mit Stärke und Backpulver mischen, über die Eimasse sieben und vorsichtig mischen. Den Backofen auf 200 °C vorheizen.

3 Den Teig auf ein mit Backpapier ausgelegtes Blech streichen und im heißen Backofen 10 bis12 Minuten backen bis die Oberfläche goldgelb ist. Den Biskuit sofort auf ein Küchentuch stürzen, das Backpapier abziehen und die Teigplatte mit Erdbeerkonfitüre bestreichen. Den Teig mithilfe des Küchentuchs aufrollen und abkühlen lassen.

4 Die abgekühlte Biskuitroulade in Scheiben schneiden und eine große runde Schüssel damit auslegen. Die Erdbeeren putzen und waschen. Die Hälfte der Beeren pürieren, die andere Hälfte in Stücke schneiden.

5 PHILADELPHIA mit Joghurt und Erdbeerpüree verrühren. Tortenguss mit 150 ml Wasser und dem restlichen Zucker (75 g) aufkochen und unter die PHILADELPHIA-Creme rühren. Anschließend die Erdbeerstücke unterheben.

6 Die Creme auf den Biskuit in die Schüssel füllen und glatt streichen. Die Charlotte im Kühlschrank 4 Stunden fest werden lassen. Zuletzt auf eine Platte stürzen und gut gekühlt servieren.

Donauwellen

- 150 g Butter
- 275 g Zucker
- 1 Pck. Vanillinzucker
- 5 Eier
- 175 g Weizenmehl
- 4 EL Kaba®
- 2 TL (gestr.) Backpulver
- 2 EL Milch
- 1 Glas Sauerkirschen, ca. 370 g Abtropfgewicht
- 600 g PHILADELPHIA Doppelrahm
- 3 EL Zitronensaft
- 300 g Joghurt
- 3 Pck. Tortenguss, klar

1 Den Backofen auf 180 °C vorheizen. Für den Teig die Butter mit einem Handrührgerät geschmeidig rühren. Nach und nach 150 g Zucker und Vanillinzucker unterrühren. Sobald die Masse cremig ist, die Eier nach und nach unterrühren. Mehl, Kaba® und Backpulver mischen, sieben und portionsweise in den Teig rühren. Zuletzt die Milch unterrühren.

2 Ein Backblech einfetten und den Teig aufstreichen. Die Kirschen gut abtropfen lassen und den Saft für den Guss auffangen. Die Kirschen auf dem Teig verteilen und diesen anschließend etwa 20 Minuten backen. Anschließend den Kuchen auskühlen lassen.

3 Für die PHILADELPHIA-Creme den PHILADELPHIA mit Zitronensaft und Joghurt mit einem Rührgerät verrühren. In einem kleinen Topf 150 ml Wasser mit 1 Päckchen Tortenguss und 75 g Zucker kurz aufkochen und ebenfalls unter die Creme rühren. Die Creme gleichmäßig auf dem Kirschkuchen verteilen.

4 Für den Guss den Kirschsaft mit Wasser auf 500 ml auffüllen und die Flüssigkeit mit dem restlichen Tortenguss und dem übrigen Zucker (ca. 4 Esslöffel) aufkochen. Den Guss auf dem Kuchen verteilen und diesen etwa 2 Stunden kühl stellen.

PHILADELPHIA

Pflaumenschnitte

- 150 g Mehl
- 30 g Speisestärke
- 2 TL (gestr.) Backpulver
- 5 Eier
- 100 g Butter
- 275 g Zucker
- 1 Pck. Vanillinzucker
- 700 g Pflaumen
- 600 g PHILADELPHIA Doppelrahm
- 300 g Joghurt
- 1 Vanilleschote
- 1 Pck. Tortenguss, klar

1 Für den Teig Mehl, Speisestärke und Backpulver mischen und in eine Rührschüssel sieben. Die Eier, Butter, 200 g Zucker und Vanillinzucker mit einem Rührgerät unterrühren und zu einem glatten Teig verarbeiten. Den Backofen auf 200 °C Ober-/Unterhitze oder 150 °C Umluft vorheizen.

2 Die Pflaumen waschen, halbieren, entkernen und in Spalten schneiden. Ein Backblech (30 x 40 cm) einfetten, den Teig darauf verteilen, mit den Pflaumenspalten belegen und mit etwas Zimt bestreuen.

3 Den Kuchen etwa 25 Minuten backen und anschließend auskühlen lassen.

4 Für die PHILADELPHIA-Creme den PHILADELPHIA mit Joghurt verrühren. Die Vanilleschote längs aufschneiden, das Mark mit einem Löffel entfernen und unter die Creme rühren.

5 In einem kleinen Topf 150 ml Wasser mit Tortenguss und dem restlichen Zucker kurz aufkochen und ebenfalls unter die Creme rühren.

6 Die PHILADELPHIA-Creme gleichmäßig auf dem Pflaumenkuchen verteilen und diesen 1 Stunde kühl stellen. Vor dem Servieren nach Belieben mit Schokoladenröllchen garnieren.

PHILADELPHIA

Apfel-Mandel-Kuchen

- 150 g Mehl
- 30 g Speisestärke
- 2 TL (gestr.) Backpulver
- 5 Eier
- 100 g Butter
- 275 g Zucker
- 1 Pck. Vanillinzucker
- 50 g Mandeln, gemahlen
- 750 g säuerliche Äpfel
- 1 TL Zimt
- 600 g PHILADELPHIA Doppelrahm
- 300 g Joghurt
- 3 EL Zitronensaft
- 1 Pck. Tortenguss, klar
- 2 EL Mandelblätter

1 Für den Teig Mehl, Speisestärke und Backpulver mischen und in eine Rührschüssel sieben. Die Eier, Butter, 200 g Zucker, Vanillinzucker und die gemahlenen Mandeln mit einem Rührgerät unterrühren und alles zu einem glatten Teig verarbeiten. Den Backofen auf 200 °C vorheizen.

2 Die Äpfel schälen, vierteln, entkernen und in dünne Spalten schneiden. Ein Backblech (30 x 40 cm) einfetten, den Teig darauf verteilen und mit den Apfelspalten belegen. Mit etwas Zimt bestreuen und ca. 25 Minuten backen und auskühlen lassen.

3 Für die PHILADELPHIA-Creme den PHILADELPHIA mit Joghurt und restlichem Zitronensaft mischen. In einem kleinen Topf 150 ml Wasser mit Tortenguss und dem restlichen Zucker kurz aufkochen und unter die Creme rühren.

4 Die PHILADELPHIA-Creme gleichmäßig auf dem Apfelkuchen verteilen und diesen 1 Stunde kühl stellen. Vor dem Servieren mit Mandelblättchen garnieren.

PHILADELPHIA

HONIGKUCHENSCHNITTEN

- 300 g PHILADELPHIA Doppelrahm
- 150 g Joghurt
- 2 TL Tortenguss, klar
- 35 g Zucker
- 2 Orangen
- 1 EL Orangensaft
- Zimt
- 350 g Honigkuchen (Fertigprodukt)

Für 12 Schnitten

1 Den PHILADELPHIA und Joghurt mit einem Rührgerät mischen. In einem kleinen Topf 100 ml Wasser mit dem Tortenguss und Zucker kurz aufkochen und unter die Creme rühren.

2 Die Orangen schälen und filetieren. Die Hälfte der Orangenfilets klein schneiden, die andere beiseite stellen. Nun die Orangenstücke, den Orangensaft und 1 Prise Zimt unter die PHILADELPHIA-Creme rühren.

3 Den Honigkuchen in 12 Scheiben schneiden.

4 Die Creme in einen Spritzbeutel mit glatter Tülle füllen und auf die Honigkuchenscheiben spritzen. Die Schnitten etwa 1 Stunde in den Kühlschrank stellen. Vor dem Servieren mit den übrigen Orangenfilets garnieren und mit etwas Zimt bestreuen.

TIPP

Kombinieren Sie Honigkuchenschnitten mit Waffelschnitten und Butterkekssandwiches für ein tolles Kinderbuffet.

Philadelphia

Himbeer-Biskuitrolle

- 4 Eier
- 195 g Zucker
- 120 g Mehl
- 40 g Speisestärke
- 1 TL (gestr.) Backpulver
- abgeriebene Schale von 1/2 unbehandelten Zitrone
- 150 g Pfirsiche, in Stücken
- 150 g Himbeeren
- 300 g PHILADELPHIA Doppelrahm
- 150 g Vollmilchjoghurt
- 1 EL Zitronensaft
- 2 TL Tortenguss, klar
- 1 EL Puderzucker
- einige Himbeeren und Melisseblättchen zum Garnieren

1 Eier trennen. Eigelb mit 4 Esslöffel warmen Wassers schaumig schlagen, nach und nach 160 g Zucker und die Zitronenschale zugeben. So lange schlagen, bis eine cremige Masse entstanden ist.

2 Eiweiß steif schlagen und vorsichtig mit der Eicreme mischen. Mehl mit Stärke und Backpulver mischen, darüber sieben, alles vorsichtig unterziehen.

3 Teig auf ein mit Backpapier ausgelegtes Blech streichen, bei 190 °C etwa 12 bis 15 Minuten goldgelb backen. Biskuit sofort auf ein Küchentuch stürzen, das Backpapier abziehen, den Teig mit dem Tuch einrollen und abkühlen lassen.

4 PHILADELPHIA mit Joghurt und Zitronensaft glatt rühren. Tortenguss mit 100 ml Wasser und dem restlichen Zucker (ca. 35 g) aufkochen und unter die Creme rühren.

5 Die abgekühlte Biskuitrolle ausrollen, mit der PHILADELPHIA-Creme bestreichen, den Früchten belegen und wieder zusammenrollen.

6 Im Kühlschrank mindestens 2 Stunden kühlen. Vor dem Servieren nach Belieben mit Puderzucker, Früchten und einigen Melisseblättchen garnieren.

PHILADELPHIA-TORTE

OBSTPARFAIT

- 600 g PHILADELPHIA Doppelrahm
- 300 g Joghurt
- 3 EL Zitronensaft
- 1 Pck. Tortenguss, klar
- 75 g Zucker
- 300 g gemischte Früchte (z. B. Weintrauben, Pflaumen, Nektarinen)
- 3 EL Pistazien, gehackt
- 100 g Löffelbiskuit

1 PHILADELPHIA, Joghurt und Zitronensaft mit einem Rührgerät vermischen. Den Tortenguss und den Zucker mit 150 ml Wasser aufkochen und unter die PHILADELPHIA-Creme rühren.

2 Die Früchte putzen, waschen und in kleine Stücke schneiden. Fruchtstücke und Pistazien unter die PHILADELPHIA-Creme heben.

3 Eine Kastenform mit Klarsichtfolie auslegen. Eine Schicht Löffelbiskuit einlegen und die Hälfte der PHILADELPHIA-Creme einfüllen. Die Creme mit einer weiteren Schicht Löffelbiskuit abdecken. Die restliche Creme einfüllen und das Parfait etwa 1 Stunde in das Tiefkühlgerät stellen und gefrieren.

4 Vor dem Verzehr die Form kurz unter heißes Wasser halten, das Parfait aus der Form stürzen und mit dem Löffelbiskuitboden nach unten drehen. Etwa 10 Minuten antauen lassen und in Scheiben schneiden.

TIPP

Wenn das Parfait nicht ganz verzehrt wird, nicht antauen, nach Bedarf Scheiben abschneiden und wieder in das TK-Gerät stellen.

PHILADELPHIA

FRANKFURTER KRANZ

- 200 g weiche Butter
- 275 g Zucker
- 1 Prise Salz
- 1 Pck. Vanillinzucker
- 1 Fläschchen Rumaroma
- 4 Eier, 250 g Mehl
- 50 g Speisestärke
- 1 Pck. Backpulver
- 600 g PHILADELPHIA Doppelrahm
- 300 g Joghurt
- 1 Pck. Bourbon-Vanillezucker
- 1 Pck. Tortenguss, klar
- 50 g Kirschmarmelade
- 100 g Mandeln, gebräunt und gehackt

1 Den Backofen auf 200 °C vorheizen. Butter, 200 g Zucker, Salz, Vanillinzucker und Rumaroma mit einem Rührgerät schaumig rühren. Die Eier nach und nach unterrühren.

2 Das Mehl mit der Speisestärke und dem Backpulver mischen und die Mehlmischung esslöffelweise unter die Schaummasse rühren. Den Teig in eine gefettete Kranzform (etwa 26 cm Durchmesser) füllen und im Backofen etwa 40 Minuten backen.

3 Den fertigen Kuchen auf ein Kuchengitter stürzen und auskühlen lassen. Den Kranz zweimal quer durchschneiden.

4 PHILADELPHIA, Joghurt und Bourbon-Vanillezucker mit einem Rührgerät vermischen. Tortenguss und restlichen Zucker in 150 ml Wasser aufkochen und unter die PHILADELPHIA-Creme rühren.

5 Den unteren Boden dick mit PHILADELPHIA-Creme bestreichen, den zweiten Boden zuerst mit Kirschmarmelade und dann mit PHILADELPHIA-Creme bestreichen. Den Kranz zusammensetzen, mit der restlichen Creme überziehen und 2 Stunden im Kühlschrank kühlen. Vor dem Servieren mit Mandeln bestreuen.

Philadelphia-Torte

Holländer Kirsch

- 1 Pck. TK-Blätterteig (300 g)
- 600 g PHILADELPHIA Doppelrahm
- 300 g Joghurt
- 4 EL Zitronensaft
- 1 Pck. Tortenguss, klar
- 75 g Zucker
- 200 g Kirschmarmelade
- 75 g Puderzucker

1 Die Blätterteigplatten auftauen und auf einer bemehlten Arbeitsfläche ausrollen. Mithilfe einer Springform 3 runde Böden von 26 cm Durchmesser ausstechen. Die Böden auf ein gefettetes und mit etwas Wasser besprenkeltes Backblech legen. Die Böden mit einer Gabel mehrmals einstechen und etwa 15 Minuten ruhen lassen.

2 Den Backofen auf 200 °C vorheizen und die Blätterteigböden 10 bis 15 Minuten backen. Die Böden auf Kuchengitter legen und auskühlen lassen.

3 PHILADELPHIA, Joghurt und 3 Esslöffel Zitronensaft mit einem Rührgerät vermischen. Den Tortenguss mit Zucker in 150 ml Wasser aufkochen und unter die PHILADELPHIA-Creme rühren.

4 Einen Blätterteigboden zunächst mit etwa 125 g Kirschmarmelade, dann mit der Hälfte der PHILADELPHIA-Creme bestreichen. Mit dem zweiten Blätterteigboden bedecken, diesen mit der restlichen PHILADELPHIA-Creme bestreichen und 1 Stunde kühl stellen.

5 Die restliche Kirschmarmelade mit 1 Esslöffel Puderzucker aufkochen, durch ein Sieb streichen und auf dem dritten Blätterteigboden verteilen. Den restlichen Puderzucker mit dem übrigen Zitronensaft zu einer dickflüssigen Masse verarbeiten, bei Bedarf weiteren Zitronensaft zugeben.
Den Zuckerguss über die Kirschmarmelade auf den Blätterteigboden streichen und diesen ebenfalls 1 Stunde kühlen. Die Torte mit dem Kirschmarmeladenboden bedecken und servieren.

Philadelphia-Torte Cappuccino

- 150 g Löffelbiskuit
- 125 g Butter
- 1 Tafel Milka® Schokolade
- 600 g PHILADELPHIA Doppelrahm
- 300 g Joghurt
- 2 Beutel Jacobs Café Zauber® Cappuccino
- 1 Pck. Tortenguss, klar
- 75 g Zucker
- 1 Pck. »I love Milka®«-Nuss-Nougat-Pralinés zum Garnieren

1 Die Löffelbiskuits in einen großen Gefrierbeutel füllen, den Beutel verschließen und den Inhalt mit einem Nudelholz oder den Händen vollständig zerbröseln. Die Milka®-Schokolade raspeln.

2 Die Butter schmelzen, mit den Bröseln und der Hälfte der Schokoraspeln vermischen und in eine mit Backpapier ausgelegte Springform drücken.

3 PHILADELPHIA, Joghurt und Jacobs Café Zauber® Cappuccino mit einem Rührgerät vermischen.

4 Tortenguss und Zucker in 150 ml Wasser aufkochen und unter die PHILADELPHIA-Creme rühren.

5 PHILADELPHIA-Creme in die Springform füllen und die Torte 3 Stunden in den Kühlschrank stellen. Vor dem Servieren mit den übrigen Schokoraspeln und »I love Milka®«-Herzen garnieren.

TIPP

Schokoladenraspeln schneiden Sie ganz einfach mit einem Sparschäler von der Schmalseite einer Tafel Milka® Schokolade.

Milka

Philadelphia-Torte

Amaretto

1 Etwa 50 g Amaretto-Kekse zum Garnieren beiseite legen. Die restlichen in einen großen Gefrierbeutel füllen, den Beutel verschließen und die Kekse mit einem Nudelholz oder den Händen vollständig zerbröseln.

2 Die Butter schmelzen, mit den Bröseln vermischen und in eine mit Backpapier ausgelegte Springform drücken. Den Boden im Kühlschrank kurz kühlen.

3 PHILADELPHIA, Joghurt und Jakobs Café Zauber® Amaretto-Pulver mit einem Rührgerät vermischen.

4 Tortenguss und Zucker in 150 ml Wasser aufkochen und unter die PHILADELPHIA-Creme rühren.

5 PHILADELPHIA-Creme in die Springform füllen und 3 Stunden in den Kühlschrank stellen.

6 Die Torte vor dem Servieren mit den übrigen Amaretto-Keksen garnieren und mit Kaba® bestäuben.

- 300 g Amaretto-Kekse
- 125 g Butter
- 600 g PHILADELPHIA Doppelrahm
- 300 g Joghurt
- 2 Beutel Jacobs Café Zauber® Amaretto
- 1 Pck. Tortenguss, klar
- 75 g Zucker
- 2 TL Kaba®

Rezeptverzeichnis

A

B

C

D

E

F

H

Im FALKEN Verlag sind zahlreiche Titel zum Thema »Essen und Trinken« erschienen. Sie erhalten sie überall dort, wo es Bücher gibt.

Falken im Internet: **www.falken.de**
Philadelphia im Internet: **www.philadelphia.de**
Telefonhotline KRAFT Ideen Center: **(0 18 02) 25 85 88**

Dieses Buch wurde auf chlorfrei gebleichtem und säurefreiem Papier gedruckt.

Der Text dieses Buches entspricht den Regeln der neuen deutschen Rechtschreibung.

ISBN 3 8068 7571 5

Herausgeber: KRAFT FOODS, Bremen
Rezeptentwicklung/Gestaltung: KRAFT Ideen Center, Heike Hauerken, Sabine Peters-Halfbrodt
Umschlaggestaltung: KRAFT FOODS, Bremen, und Peter Udo Pinzer, FALKEN Verlag
Redaktion: Anja Halveland
Herstellung: Petra Zimmer
Rezeptfotos: Food & Foto Redaktion City-Studio, Verlagsgruppe Bauer, S. 97, 99, 101, 105, 115 / alle übrigen: Kai Schwabe, Bremen
Foodstyling: Food & Foto Redaktion City-Studio, S. 97, 99, 101, 105, 115 / alle übrigen: Eike Upmeier-Lorenz
Weitere Fotos im Innenteil: Kai Schwabe, Bremen, S. 6, 11, 12/13, 16/17, 18/19, 76/77, 127 u. / Food & Foto Redaktion City Studio, Verlagsgruppe Bauer, S. 94/95
FALKEN Archiv: TLC-Foto-Studio GmbH, Velen-Ramsdorf S. 7, 8, 10, 126, 127 o. / Ulrich Kopp, Karlsruhe, S. 9
Die Bilder auf Seite 3, 4, 5, 16, 17 wurden dem FALKEN Verlag freundlicherweise von KRAFT FOODS zur Verfügung gestellt.

Layout und Satz: VerlagsService Dr. Helmut Neuberger & Karl Schaumann GmbH, Heimstetten
Litho: Lithotronic, Frankfurt / M.
Druck: Appl, Wemding

817 2635